Georg Moellerke

Concise Electronics Dictionary
English-German

Georg Moellerke

El.-Ing. und staatlich geprüfter Übersetzer

Concise Electronics Dictionary

*Ein Technik-Wörterbuch mit dem
Hauptgewicht auf Elektronik*

English-German

*Neufassung, 3. Auflage
mit IEEE-Referenzangaben*

AT Verlag Aarau · Stuttgart

Die internationale Fachzeitschrift für industrielle Elektronik
«Der Elektroniker» bringt regelmässig einen Fachteil für technisches
Englisch, welcher aktuelle Originalartikel in englischer Sprache
mit deutschsprachigen Erläuterungen enthält.

3. Auflage 1981 Neufassung

© 1981 by AT Verlag, Aarau (Schweiz)
Herstellung: Grafische Betriebe Aargauer Tagblatt AG
Aarau (Schweiz)
Printed in Switzerland
ISBN 3 855 02 139 2

Vorwort zur Neufassung

Die rasch voranschreitende Technik, besonders die Elektronik, macht die Überarbeitung von englischen Wörterbüchern in gewissen Zeitabständen unumgänglich. Das trifft auch für das Concise Electronics Dictionary zu. Eine Besonderheit weist dieses Buch jetzt noch zusätzlich auf: es sind IEEE-Referenzangaben aufgenommen worden. IEEE (gesprochen: ai tripl i:) bedeutet Institute of Electrical and Electronics Engineers; der Sitz des Institutes ist in New York 10017, 345 East, 47 Street.

Erscheint hinter einem Fachwort das IEEE-Zeichen, so wird darauf hingewiesen, dass es hierfür eine Definition in englischer Sprache gibt. Somit erhält der Techniker mehr Sicherheit bei Übersetzungen.
Wie auch bei den vorangegangenen Auflagen ist weitgehendst darauf verzichtet worden, solche Wortzusammensetzungen aufzuführen, die sich leicht von vorhandenen Zeit- und Eigenschaftswörtern formen lassen. Auch bei den Hauptwörtern wurde sparsam mit Zusammensetzungen umgegangen, um mehr Platz für die abnormal gebildeten zu haben. Grosser Raum wurde den Zeitwörtern eingeräumt. Aus diesen Überlegungen heraus weist dieses Wörterbuch mit mehr als 7000 Begriffen beträchtliche Substanz auf.
Wegen des handlichen Formats lässt es sich gut auf Dienstreisen mitnehmen; doch auch bei der täglichen Arbeit des Technikers kann es ihm eine grosse Hilfe sein. Bewusst ist das Vokabular um Randgebiete etwas erweitert worden. Es soll vermieden werden, bei Übersetzungsarbeiten laufend weitere Bücher heranziehen zu müssen.

Wir hoffen sehr, dass auch Sie viel Nutzen aus dem Concise Electronics Dictionary ziehen können.

Aarau, im Juni 1981 *Autor und Verlag*

Vocabulary
A–Z

A

A battery Heizbatterie
A rectifier Heizgleichrichter
abate, to vermindern, reduzieren
abbreviated (address) dialling Kurzwahl, verkürzte Adressenwahl
abbreviate, to kürzen, abkürzen
abbreviation IEEE Abkürzung
aberration Abweichung, Abweichungsfehler
ability Vermögen, Fähigkeit
abnormality Anomalie, Regelwidrigkeit
above ground oberirdisch
abrade, to abschaben, abreiben, abschleifen, verschleissen
abrasion Abrieb, Abschleifen, Abschmirgeln
abrasive abreibend, abschleifend
abridge, to (ab)kürzen (math.)
abridgement Abkürzung, gekürzte Fassung, Kurzfassung
abrupt sprunghaft, schroff, steil, plötzlich
abscissa Abzisse
absence Fehlen, Mangel, Abwesenheit
absence of current Stromlosigkeit, Stromausfall
absent subscriber's service Fernsprechauftragsdienst
absolute IEEE absolut, unverschlüsselt
absorb, to absorbieren, aufnehmen
absorbable absorbierbar, aufsaugbar, aufnahmefähig
absorber Absorber, nichtreflektierender Körper
absorptance IEEE Absorptionsvermögen, Absorptionsgrad

absorption IEEE Absorption, Aufnahme
absorption type refrigerator Absorptionskältemaschine
absorptive absorptionsfähig, absorbierend
absorptive lens Filterglas
abstract, to entziehen, abziehen; (Adj.) abstrakt, theoretisch
abstracting Herstellen von Kurzreferaten
abundance Überfluss
abuse, to übermässig, beanspruchen, missbrauchen
abuse Missbrauch, falsche Behandlung
abut, to anstossen
abutment Widerlager, Gegenpfeiler
abyss Kluft, Abgrund
a.c., AC (alternating current) IEEE Wechselstrom
accelerate, to beschleunigen
accelerated life test IEEE Schnellalterungsversuch
accelerated test IEEE Kurzversuch, Kurzzeitprüfung
acceleration Beschleunigung
accelerator Beschleuniger Beschleunigungsvorrichtung
accentuate, to hervorheben, akzentuieren
accentuation Anhebung, Akzentuierung
accept, to annehmen
acceptable annehmbar, verarbeitbar, tragbar
acceptance Abnahme, Annahme
acceptance certificate Abnahmeprotokoll
acceptance test IEEE Abnahmeprüfung

acceptor IEEE Akzeptor
access IEEE Zugang, Zugriff
access cycle Zugriffzyklus
access time IEEE Suchzeit, Zugriffzeit
accessible IEEE zugänglich
accessible, readily IEEE leicht zugänglich
accessibility Zugänglichkeit
accessories IEEE Zubehörteile
accessory IEEE Zubehörteil, Teil ...
accident Zwischenfall, Unfall, Störung
accidental zufällig
accidental breakdown Störungs(aus)fall
accidental switching zufälliges (unbeabsichtigtes) Schalten
accommodate, to aufnehmen
accommodation Unterbringung
accomplish, to bewerkstelligen, erreichen
accord, to bewilligen, bewahren, übereinstimmen
account, to berechnen, abrechnen
account Bericht, Darstellung, Rechnung
account machine Buchungsmaschine
accretion Zuwachs
accumulate, to speichern, ansammeln
accumulation Speicherung, Anreicherung
accumulator IEEE Akkumulator, Sammler
accuracy IEEE Genauigkeit, Richtigkeit
accurate IEEE genau
accurately machined IEEE genau bearbeitet
acetylene IEEE Azetylen
acetylene welding IEEE Autogenschweissung

achieve, to erreichen, erzielen
acicular nadelförmig
acid Säure
acidless säurefrei
acid-proof säurefest, -beständig
acid-resistant IEEE säurebeständig
acknowledger IEEE Quittungsschalter
acknowledge, to bestätigen, anerkennen
acknowledgement Bestätigung, Anerkennung
acoustical IEEE akustisch
acoustics IEEE Akustik
acquire, to erwerben, gewinnen
acquisition Erfassung, Aufnahme
acrid ätzend, scharf, beissend
across parallel zu, im Durchmesser
across-the line starter IEEE Direktanlasser
across-the-line starting IEEE Anlassen mit voller Spannung
act (air-cooled triode) luftgekühlte Triode
act, to (ein)wirken auf
acting time Regelzeit
action Einwirkung, Wirken, Tätigkeit
action spike IEEE Aktionsspitze (Nadelimpuls, med.)
activate, to wirksam machen, anregen, aktivieren
activation IEEE Aktivierung, Anschaltung
active IEEE aktiv, wirksam, tätig
active area IEEE Wirkfläche
active current Wirkstrom
active component Wirkanteil
active power IEEE Wirkleistung
activity Wirksamkeit, Tätigkeit, Aktivität
actual wirklich, tatsächlich
actual size Istmass
actual value Istwert

actuate, to betätigen, erregen
actuating current IEEE Wirkstrom
actuation IEEE Betätigung
actuation by foot Fussbetätigung
actuator IEEE Betätigungsglied, -teil
acuity Schärfe
acute angle spitzer Winkel
acyclic unperiodisch, azyklisch
A-D converter (analog-digital) Analog-Digital-Umsetzer
ad infinitum bis ins Unendliche
adamantan diamanthart
adapt, to anpassen, angleichen
adapt to everyday use auf die Praxis zuschneiden
adaptation IEEE Anpassung
adaption Anpassung
adapter IEEE Adapter, Zwischenstück
adapter plug Zwischenstecker
adapter sleeve Spannbüchse
adapting apparatus Vorsatzgerät
add, to beimengen, hinzufügen
add-and-subtract relay Schrittschaltrelais für beide Drehrichtungen
add up, to summieren, zusammenrechnen
added alloys Legierungszusätze
added filter Zusatzfilter
addend Summand, Addend
addendum Kopfhöhe (Zahnrad)
addendum circle Kopfkreis (Zahnrad)
adder IEEE Addierwerk
addition agent IEEE Zusatzmittel
adding machine Additionsmaschine
addition Beimengung, Hinzufügung, Zusatz
additional zusätzlich
addition agent IEEE Zusatz
additive additiv, Wirkstoff
additivity Additivität
add-punch machine Addierlocher

address IEEE Adresse
addressable adressierbar
addressee Adressat
ADE (audible Doppler enhancer) akustisches Dopplergerät
adept sachverständig
adequate entsprechend, angemessen, adäquat
ADF (automatic direction finder) automatischer Funkpeiler
adhere, to (an)haften, kleben
adherence Einhaltung, Beachtung
adherent anhaftend
adhesion Adhäsion
adhesion coefficient Reibungskoeffizient
adhesive Klebstoff, anhaftend, klebend
adhesive tape Klebstreifen, Isolierband
adhesiveness Haftfähigkeit
adiabatic adiabatisch
adiabatic curve Adiabate
adjacent benachbart
adjacent attenuation Trennschärfe
adjacent-channel rejection Nachbarkanalunterdrückung
adjoining nebenstehend
adjoint-piece Verlängerungsstück
adjunct Zubehör
adjunction Anschluss
adjust, to IEEE einstellen, nachstellen, abgleichen, anpassen
adjustable IEEE regulierbar, einstellbar, nachstellbar
adjust procedure Abgleichverfahren
adjustability Einstellbarkeit, Nachstellbarkeit
adjusted IEEE abgeglichen, bemessen, gerichtet (auf), geregelt
adjuster IEEE Verstellvorrichtung, Einsteller

adjusting Verbesserung, Herrichtung, Einstellung
adjusting device Justiereinrichtung, Stellvorrichtung
adjusting ear Nachspannöse
adjusting figure Justierzahl
adjusting nut Stellmutter
adjusting wedge Anzugkeil
adjustment IEEE Einstellung, Nachstellung, Abgleichung
admissible IEEE zulässig
admission Zulassung, Einströmung, Eintritt
admission valve Einlassventil
admit, to zulassen, zuführen, einlassen
admittance IEEE Admittanz, Scheinleitwert
admitting port Einströmungsöffnung
admix, to beimengen, (sich) vermischen
admixture Beimengung, Zusatz
adsorption Adsorption, Anlagerung
ADP (automatic data processing) automatische Datenverarbeitung
advance, to vorrücken, fortschreiten, weiterstellen
advance Fortschreiten, Voreilen
advance angle Voreilwinkel
advanced circuit technique modern(st)e Schalttechnik
advancement Vorrücken, Beförderung
advantageous vorteilhaft
advertise, to annoncieren
advertising department Werbeabteilung
advice Meldung, Bericht, Rat
advise, to beraten, informieren, mitteilen
advisory Beratungs...
aerate, to (be)lüften
aeration IEEE Belüftung

aerial IEEE Antenne
aerial cable IEEE Luftkabel, frei angeordnetes Kabel
aerial loading coil Pupinspule für Luftkabel
aerial circuit Antennenkreis
aerodynamic aerodynamisch
aerodynamics Aerodynamik
aerofoil Tragfläche, -flügel
aeronautical aeronautisch
aeronautics Flugwesen
aerospace industry Luft- und Raumfahrtindustrie
AF (audio frequency) Niederfrequenz, Tonfrequenz
affect, to beeinflussen, einwirken (auf), beeinträchtigen
affection Beeinflussung, Einwirkung, Beeinträchtigung
AFC (automatic frequency control) automatische Frequenznachsteuerung
affidavit Affidavit (eidesstattliche Erklärung)
affiliate Zweigorganisation
affine affin, verwandt
affinity Affinität
affix, to aufkleben, anheften
affluence Zufluss, Einströmen
afflux Zufluss, Zustrom
afloat schwimmend, im Wasser befindlich
afterglow Nachleuchten
afterheat Nachwärme
afterimage IEEE nachleuchtendes Bild
aftertreat, to nachbehandeln
age, to altern, veredeln, tempern
agency (Administrations-)Stelle
aging IEEE Alterung, Tempern
agitate, to bewegen, (um)rühren, schütteln
air-cooled IEEE luftgekühlt
air cooler IEEE Luftkühler

agglomerate, to anhäufen, zusammenballen
agglomeration Anhäufung, Zusammenballung
aggravate, to erschweren
aggravation Erschwerung
aggregate Aggregat, Maschinensatz
aggregation Zusammensetzung
agitation (heftige) Bewegung
agree with, to übereinstimmen mit
agreement Übereinstimmung, Zustimmung
aided tracking Nachlaufsteuerung
aileron Querruder
aim Ziel
aim at, to zielen auf, anvisieren
air-blast circuit-breaker IEEE Druckluft(leistungs)schalter
air transformer Trockentransformator
airborne im Flugzeug eingebaut
airborne application Bordverwendung
airborne radar Flugzeugradar
air brake Landeklappe
air bubble Luftblase
air chamber Windkessel
air circulation Luftumlauf, -zirkulation
air conditioning plant Klimaanlage
air contamination Luftverunreinigung
air cooling IEEE Luftkühlung
air-cored coil IEEE eisenfreie Spule
aircraft Flugzeug
aircraft bonding IEEE Masseverbindungen im Flugzeug (geg. stat. Auflad.)
air current Luftströmung
air draught Luftzug
air draught blower (Luft-)-Gebläse
air duct IEEE Luftkanal
air ejector Saugluftförderer, Luftejektor
air escape Entlüftung

air exhauster Absaugventilator
air-flow indicator Luftströmungsanzeiger
air-flow monitor Luftströmungswächter
air gap IEEE Luftspalt
air hardening steel Lufthärtungsstahl
air heater Lufterhitzer
air hose Luftschlauch
air humidity Luftfeuchtigkeit
air inlet (air intake) Lufteintritt
air lock Luftschleuse
air nozzle Luftdüse
air outlet Luftaustritt
air path Luftweg
air pocket Luftblase
air pollution Luftverunreinigung
air pressure Luftdruck
air switch IEEE Luftdruckschalter
air resistance Luftwiderstand
air shaft Luftschacht
air shutter Luftklappe
air supply Luftzufuhr
airtight luftdicht
air transducer Luftschallwandler
air vessel Luftflasche
airway beacon IEEE Luftstreckenfeuer
airway lighting Streckenbefeuerung
airway marking Streckenerkennung
aisle Mittelgang (Flugzeug)
alarm, to melden, alarmieren, Alarm geben
alarm switch IEEE Alarmschalter
alc (automatic level control) automatische Pegelregelung
alcatron Alkatron (Feldeffekt-Transistor)
alcohol Alkohol
alcyde resin Alkydharz
Aldis lamp Handmorselampe
alert notice Alarmmeldung
algebraic algebraisch

alien frequencies Fremdtöne
alight, to landen, aussteigen
alighting gear Fahrwerk
align, to IEEE abgleichen, ausfluchten, ausrichten
aligner Taktrichter
aligning plug Führungszapfen, Nase
alignment IEEE Abgleichung, Ausfluchtung, Ausrichtung
alike on both sides seitengleich
alive IEEE unter Spannung befindlich, stromführend, unter Dampf, dampfführend
alkaline alkalisch
all-around diode input circuit nur aus Dioden bestehende Eingangsschaltung
all-metal Ganzmetall
all ready signal lamp Klarmeldelampe
allege, to behaupten, angeben
alleviate, to erleichtern, mildern
alley(way) Gang, Laufgang
alligator clip Krokodilklemme
allocable zuteilbar, anrechenbar
allocate, to zuweisen, zuordnen
allocation IEEE Zuteilung, Zuweisung
allot, to zuteilen, zuweisen
allotment Zuteilung, Zuweisung, Anteil
allow, to bewilligen, erlauben, berücksichtigen
allowable zulässig
allowance Kleinstspiel, Grösstübermass, zulässige Abweichung
alloy Legierung
alloy-diffused transistor legierungsdiffundierter Transistor
alloy junction IEEE Legierungsübergang, legierte Verbindung

all-relay system IEEE nur aus Relais bestehendes System
alnico Alnico (Aluminium-Nickel-Kobalt-Legierung)
along a line längs einer Leitung
alphanumeric IEEE alphanumerisch
altazimuth Höhenazimut
alter, to abändern, umändern
alteration IEEE Abänderung, Umänderung
alternate, to wechseln, abwechseln
alternate route IEEE alternativer Leitweg
alternations Schaltspiele, Wechsel
alternating current IEEE Wechselstrom
alternative Alternative, alternativ
alternation Wechsel, Wechselfolge
alternator IEEE Wechselstromgenerator, Synchrongenerator
altigraph Höhenschreiber
altimeter Höhenmesser
altitude IEEE Höhe
aluminium (am.: aluminum) Aluminium
AM (amplitude modulation) Amplitudenmodulation
amalgate, to amalgamieren, verschmelzen
amalgamation Amalgamierung, Verschmelzung
amber Bernstein, bernsteinfarbig
ambient temperature IEEE Umgebungstemperatur
ambiguity IEEE Unklarheit, Zweideutigkeit, Irrelevanz
ambiguous unklar, zweideutig
ammeter IEEE Amperemeter
ammonia Ammoniak
ammonium Ammonium
amorphous gestaltlos, amorph, unkristallinisch
amount, to sich belaufen, beziffern (auf)

amount Höhe, Betrag, Menge
amp, ampere IEEE Ampere
ampere-turn IEEE Amperewindung
amp-hour IEEE Amperestunde (Ah)
amperage Amperezahl, Stromstärke
amplidyne Amplidyne (el. Masch.)
amplification IEEE Verstärkung
amplifier IEEE Verstärker
amplify, to verstärken
amplifying circuit Verstärkerschaltung
amplifying stage Verstärkerstufe
amplifying tube Verstärkungsröhre
amplistat Magnetverstärker
amplitude IEEE Amplitude, Schwingungsweite
ampoule (ampulla) Ampulle
AMX (automatic message exchange) automatische Speichervermittlung
analog computer IEEE Analogrechner
analogous analog, entsprechend
analyse, to analysieren, zergliedern
analyser Analysator
analysis IEEE Analyse
analyst Systemanalytiker, Systemplaner
analytic(al) analytisch
ancillaries Zusatz-, Hilfsgeräte
ancillary equipment IEEE Zusatzgerät
Anderson bridge IEEE Anderson-Brücke
AND gate IEEE UND-Tor, UND-Gatter
anemograph Windschreiber
anemometer Windmesser
anemometry Windstärkenmessung
aneroid Dosenbarometer
angle Winkel, Ecke
angle drive Winkeltrieb
angle joint Winkelgelenk
angle of climb Steigwinkel

angle of lead IEEE Voreilwinkel
angle piece Winkelstück
angled eckig
angular winkelförmig, Winkel...
angular contact ball bearing Radialschräglager
angularity Winkelstellung, Winkelform
aniline Anilin
anneal, to glühen (Metall)
annealing Glüh...
annotation IEEE Zusatz(note)
announce, to ankündigen, bekanntgeben, ansagen
announcement Ankündigung, Bekanntgabe, Ansage
announcement system IEEE (Lautsprecher-)Rufanlage
announcer Sprecher, Ansager
annoyance Lästigkeit, Störung, Belästigung
annual jährlich
annul, to ausser Kraft setzen, annullieren
annulment Annullierung, Aufhebung
annular ringförmig
annulus (Kreis), Ring, Ringraum
annunciator IEEE Signaltafel
anode IEEE Anode
anodic IEEE anodisch
anodize, to eloxieren
antagonistic entgegengesetzt wirkend
answer signal IEEE Antwortsignal
answering equipment Abfrageeinrichtung
antenna IEEE Antenne
anti-clockwise gegen den Uhrzeigersinn
anticipate, to voraussehen, erwarten, zuvorkommen
anticipatory control Vorsteuerung der Klopffestigkeit

anti-fouling paint
  anwuchsbehindernde Farbe
anti-friction bearing IEEE
  Wälzlager
anti-vibration mounting
  Schwingmetall-Lagerung
anvil Amboss
apart, to be auseinanderliegen
aperture IEEE Öffnung,
  Strahleröffnung, Apertur
apex Scheitel(punkt), Spitze, Gipfel
apparatus IEEE Apparat(ur),
  Gerät
apparent power IEEE
  Scheinleistung
appearance Erscheinen, Aussehen
appendage Anhängsel
appendix Anhang, Ergänzung
applicable anwendbar, verwendbar
applicant Antragsteller, Bewerber,
  Patentanmelder
application Anwendung,
  Verwendung, Gebrauch
application for patent
  Patentanmeldung
apply, to anwenden, anlegen,
  verwenden
apply the brake, to bremsen,
  abbremsen, Bremse (an)ziehen
appoint, to ernennen, berufen,
  verabreden
appraisal Schätzung, Abschätzung
appraise, to schätzen, abschätzen
appreciable abschätzbar,
  nennenswert, beträchtlich
appreciate, to schätzen, würdigen
apprentice Lehrling
apprenticeship Lehre
approach, to nähern
approach Annäherung,
  Lösungsweg, Zugang, Anflug
appropriate geeignet, sachgemäss
appropriation Aneignung,
  Bereitstellung, Zuteilung

approval IEEE Genehmigung,
  Billigung
approval test IEEE
  Abnahmeprüfung
approve, to IEEE genehmigen,
  billigen
approximate angenähert
approximately ungefähr, zirka
approximation Annäherung,
  Näherung
appurtenances Zubehör
apron Abweisblech, Schlossplatte,
  Schürze
apt geeignet, tauglich, passend
aptness Eignung, Tauglichkeit,
  Befähigung
aqua ammonia Salmiakgeist
aqueous wasserhaltig, wässerig
arabic figure arabische Zahl
arbitrary willkürlich, beliebig
arbitration schiedsrichterliches
  Verfahren
arbo(u)r Spindel, Dorn, Achse
arc Bogen, Lichtbogen
arc, to Lichtbogen bilden, funken
arc duration Lichtbogendauer
arc extinguishing medium IEEE
  Funkenlöschmittel
arc furnace Lichtbogenofen
arc welding
  Lichtbogenschweissung
arch Wölbung
arching Lichtbogenbildung
area Bereich, Bezirk, Fläche
areometer Aräometer, Tauchwaage
argentic silbrig
argentiferous silberhaltig
argonarc welding Argonarc-
  Schweissen
argument Beweisführung,
  Begründung, Streit
arithmetics Arithmetik
arithmetical arithmetisch
armature IEEE Anker (el.), Rotor

armo(u)r, to armieren, panzern, bewehren (Kabel)
armo(u)ring IEEE Armierung, Panzerung, Bewehrung
arrange, to anordnen
arrangement Anordnung
array IEEE Anordnung, Reihe
array chip Gruppenplättchen
arrears Rückstände (Gebühren)
arrest, to festhalten, anhalten, abstellen, blockieren, zum Stillstand bringen
arrester Überspannungsableiter
arresting Stillsetzung, Blockierung, Feststellung
arresting gear Sperrvorrichtung
arrival Ankunft, Eintreffen
arrive, to ankommen, eintreffen, einlaufen [(telef.)
arrival curve Empfangskurve
arrow Pfeil
arsenic Arsen
articulate deutlich, artikuliert
articulated arm Gelenkausleger
articulated coupling Gelenkkupplung
articulated shaft Gliederwelle
articulation Deutlichkeit, (Sprach-) Verständlichkeit
artificial künstlich
artificially aged künstlich gealtert
artisan Handwerker
artificially grown künstlich gezüchtet (Kristalle)
artist's impression künstlerische Darstellung
ASA (American Standards Association) Amerikanischer Normenverband
asbestos Asbest
ascent Aufstieg, Anstieg
ascent, to aufsteigen, ansteigen
ascension Aufsteigung
ascertain, to feststellen, ermitteln

ascertainable feststellbar
aspect Aspekt, Gesichtswinkel
aspirate, to ansaugen, aufsaugen (Pumpe)
aspirator Strahlpumpe
assemblage Zusammenbau, Montage
assemble, to IEEE zusammenbauen, -setzen
assembled function module (unit) elektronischer Schaltungsbaustein
assembler IEEE Assembler; (sonst auch) Monteur (am.)
assemblies zusammengesetzte Bauteile
assembling jig Montagelehre
assembly IEEE Zusammenbau, Apparatesatz, Gerätegruppe
assent Zustimmung, Einwilligung, Genehmigung
assertion Behauptung, Erklärung
assess, to schätzen, taxieren
assessment Schätzung, Einschätzung, Bewertung
assign, to zuweisen, zuteilen
assigned value IEEE zugewiesener (oder: festgesetzter) Wert
assignment Zuteilung, Verteilung
assist, to helfen, mitwirken, beistehen
assistant Assistent, Gehilfe
associate Mitarbeiter
associated zugehörig, zugeordnet
association Verband, Vereinigung
assort, to sortieren
assume the value, to den Wert annehmen
assurance Versicherung
assure, to versichern
assumption Annahme, Voraussetzung
astatic astatisch
astatine Astatin

asterisk Sternchen (Fussnotensymbol)
astern achtern
astronautics Raumfahrt (Wissenschaft)
astronomical astronomisch
astronomy Astronomie
assunder, to be far weit auseinanderliegen
asylum switch verschlossener Schalter
asymmetric(al), current IEEE asymmetrischer Strom
asymmetry Asymmetrie
asymptotic asymptotisch
asynchronism Ungleichlauf
asynchronous asynchron
asynchronous computer IEEE Asynchronrechner
athwart, dwars, querab
atmosphere Atmosphäre
atmospheric atmosphärisch
atmospherics atmosphärische Störung(en)
atomic atomisch, atomar, Atom...
atomic energy Kern-, Atomenergie
atomize, to zerstäuben, versprühen
atomizer Zerstäuber
atomizing Zerstäubung
attach, to anbringen, befestigen, anheften
attaching (attachment) Befestigung
attachment IEEE Anlagerung, Ansatz, Zusatz
attachments IEEE Zubehör(teile)
attack, to angreifen
attain, to erreichen, erzielen, erlangen
attainment Erreichung, Erlangung
attend, to warten, betreuen, bedienen, pflegen

attendance Bedienung, Wartung, Pflege
attendant Wärter, Bedienungsmann, Pfleger
attendant phenomenon Begleiterscheinung
attention Achtung, Beachtung
attention getter Blickfänger
attentive achtsam, aufmerksam
attenuate, to (ab)schwächen, dämpfen, verdünnen
attenuation IEEE Dämpfung, Schwächung, Spannungsteilung
attenuator IEEE Dämpfungsglied, Spannungsteiler
attitude Lage, Haltung
attract, to anziehen
attracted disk electrometer Kelvin-Elektrometer
attraction Anziehung
attractive force Anziehungskraft
attributable zuschreibbar
attribute, to zuschreiben, anrechnen, beimessen
attrition Abnutzung, Verschleiss
attune, to abstimmen
audibility Hörbarkeit, Vernehmbarkeit, Verständlichkeit (Telefon)
audible hörbar
audible busy signal IEEE (hörbares) Besetztzeichen
audience Zuhörerschaft
audio IEEE Ton..., Hör...
audio amplifier Tonfrequenzverstärker
audio engineer Toningenieur, Tonmeister
audio engineering Tontechnik
audiofrequency IEEE Hörfrequenz

audio pressure Schalldruck
auditory accuity Hörschärfe
augment, to vermehren
augmentation Erhöhung, Vermehrung
auger Holzbohrer, Erdbohrer, Schneckenbohrer
aural alarm akustisches Alarmsignal, Tonalarm
aural receiving Hörempfang
author Verfasser, Urheber
autoclan filter Spaltfilter, selbstreinigender Filter
autocontrol unit Selbstregler
autodyne Autodyn, Selbstüberlagerer
autofunction Eigenfunktion
autogenous welding Autogenschweissung
automate, to automatisieren
automatic IEEE automatisch, selbsttätig, Selbst...
automatic dial service Selbstwählbetrieb
automatic exchange Wählervermittlung, Vermittlungsstelle
automatic winding machine Wickelautomat
automation IEEE Automatisierung, Automation
automize, to automatisieren
automorphous automorph
automotive selbstgetrieben, mit Eigenantrieb
automotive industry Kraftfahrzeugindustrie
autopilot Selbststeueranlage

auto-transformer IEEE Spartransformator, Autotransformator
auxiliary IEEE Hilfs..., Zusatz...
auxiliary apparatus Zusatzapparat
auxiliary circuit Hilfsstromkreis
auxiliary generator set IEEE Hilfsaggregat
auxiliary relay IEEE Hilfsrelais
auxiliary switch IEEE Hilfsschalter
auxiliaries Hilfsmaschinen, Hilfsbetriebe, Hilfsfahrzeuge
availability IEEE Verfügbarkeit, Vorhandensein
available verfügbar, lieferbar, vorrätig, zur Verfügung
avalanche diode IEEE Avalanche-Diode (avalanche: Lawine)
average IEEE Durchschnitt, Mittel(wert)
average, to auf einen Mittelwert bringen, den Durchschnitt nehmen
averaged gemittelt
aviation Flugwesen, Luftfahrt, Fliegerei
avoid, to vermeiden, verhindern
avoidable vermeidbar
award, to (Auftrag) zuerkennen, zuteilen
A. W. G. (American wire ga[u]ge) amerikanische Drahtlehre
awl Ahle
axial axial, achsrecht
axiom Grundsatz, Axiom
axis IEEE (Pl.: axes) Achse
axle Spindel, Welle, Achse
axle bearing IEEE Achslager
azimuth IEEE Azimut

B

babbit (metal) Lagermetall, Babbitmetall
babble IEEE Nebensprechen, Störgeräusche, Babbeln
back IEEE Rücken, Rückseite
back elevation Hinteransicht, Rückansicht
back nut Gegenmutter, Kontermutter
back up, to unterstützen
backfire grid Flammenrückschlagsieb
backfiring Zurückschlagen der Verbrennungsflamme (z. B. in den Vergaser)
background IEEE Hintergrund
background noise IEEE Störgeräusch, Untergrundrauschen
backlash IEEE toter Gang, Lose, Flankenspiel
back-to-back connection gegensinnig gepolte Schaltung
backup current-limiting fuse IEEE vorgeschaltete Strombegrenzungssicherung
back view Rückansicht, Hinteransicht
backwards rückwärts
baffle Prallblech, Resonanzwand, Schallwand
bag Tasche, Beutel, Tüte
baggage Gepäck
baggy bauchig, sackartig
bakelite Bakelit
balance Ausgleich, Ausgewogenheit
balance, to (Brücke) abgleichen
balanced IEEE ausgeglichen, balanziert
balanced amplifier Gegentaktverstärker
balancer IEEE Ausgleichvorrichtung
balancing IEEE Ausgleich ...
bale Ballen, Packen
ball bearing IEEE Kugellager
ball joint Kugelgelenk
ball journal Kugelzapfen
ball lightning Kugelblitz
ball-shaped kugelförmig
balloon Ballon
banana jack Bananenbuchse
banana plug IEEE Bananenstecker
band IEEE Band(breite)
band brake Bandbremse
bandage Bandage
bandage, to bandagieren
bandwidth IEEE Bandbreite
bang Knall, Schlag
bang, to knallen, schallen
bank, to in Reihe bringen (oder: anordnen)
bank IEEE Reihe, Satz, Reihenanordnung
bank of capacitors Kondensatorenbatterie
bar Stange (Metall), Profilstahl
bar, to abriegeln
barbed hook Widerhaken
barbed wire Stacheldraht
bare blank, nackt (Draht)
bare, to Isolation entfernen, blosslegen, abisolieren
bare wire Blankdraht

barge Schleppkahn, Schute
barred versperrt, vergittert
barrel Tonne, Fass, Trommel, Walze
barrel-shaped walzenförmig
barrier Schranke, Grenze, Schutz
base IEEE Grundfläche, Grundplatte, Fundament, Basis
baseboard Grundplatte
base line Nullinie, Nullachse, Grundlinie
basement Untergeschoss, Fundament
basic IEEE Grund..., fundamental
basic pig iron basisches Roheisen
basic size Sollmass
basing Sockelschaltung
batch Menge, Schub, Masse, Haufen
bath Bad (Schmelze)
batten Latte
battery IEEE Batterie
bay Fach, Rahmen, Gestell
bayonet cap Bajonettsockel
bayonet socket Bajonettfassung
bauxite Bauxit
beacon IEEE Bake, Leitstrahlsender
beacon fire Leuchtfeuer
bead, to falzen
bead Perle (aus Holz, Glas etc.)
bead weld Wulstnaht
beam IEEE Balken, Strahl, Träger
beam, to mit Richtstrahler senden
bear, to tragen, stützen, richten
bearer wire Tragseil, Tragdraht
bearing IEEE Lager, Position
beat Takt, Schlag, Schwebung
beat, to schlagen, klopfen
beat, in im Takt
become airborne, to abheben
bed Bett, Lage, Schicht
bed, to betten, einbetten

behave, to sich verhalten
behaviour Verhalten
bell Glocke, Klingel
bell-shaped glockenförmig
bell signal Glocken-, Klingelsignal
bellied bauchig
belling Aufweitung (eines Rohres)
bellows Blasebalg, Wellrohr
below, to go below a value einen Wert unterschreiten
belt Riemen, Gurt
belt conveyor Förderband, Fliessband, laufendes Band
belt drive Riemenantrieb
belt pulley Riemenscheibe
belted insulation cable Gürtelkabel
belted motor drive Antrieb durch Motor über Riemen
belted-type cable IEEE Gürtelkabel
bench (work bench) Werkbank, Arbeitstisch
bench lathe Mechanikerdrehbank
bench mounting Tischaufbau
bend, to biegen, beugen, krümmen
bend off, to abbiegen
bend out, to nach aussen biegen, ausbiegen
bend over, to umbiegen
bend to breaking umknicken
bend up, to aufbiegen
bend IEEE Biegung, Abbiegung, Krümmung
bendable (ver)biegbar
bending Biegung, Verbiegung
bending endurance Dauerbiegefestigkeit
bending moment Biegemoment
bending stress Biegespannung
bendix driver starter Schraubtriebanlasser

benefit, to Nutzen ziehen
bent lever Winkelhebel
bent pipe gebogenes Rohr
benzene Benzol
benzin(e) Waschbenzin
benzol(e) Rohbenzol
Berlin blue Preussischblau
berth Koje, Bett
beryllium Beryllium
beta rays Betastrahlen
betatron IEEE Betatron
betray, to verraten
better-than-average überdurchschnittlich
bevel, to abkanten, abschrägen
bevel Schrägkante
bevel driving pinion Kegelantriebsritzel
bevel gear Kegel(zahn)rad
bevel gear tooth system Kegelradverzahnung
bevel joint Schrägverbindung
bevelled abgeschrägt, schräg
bevelling Abschrägung
beware! Obacht!
b/f (brought forward) Übertrag
biannual Halbjahres..., halbjährlich
bias, to vormagnetisieren, vorspannen, beeinflussen
bias IEEE Vormagnetisierungsstrom, Vorspannung, Vorbelastung
bias voltage Vorspannung
biased amplifier IEEE vorgespannter Verstärker
biatomic doppelatomig, zweiatomig
biax(ial) zweiachsig
bid Angebot, Offerte
bidder Bieter
bidirectional IEEE doppelseitig gerichtet

bifilar doppelfädig, bifilar
bifilar winding Bifilarwicklung
bilateral zweiseitig, doppelseitig, bilateral
bilge Bilge, Schiffsbauch
bilge and fire pump Lenz- und Feuerlöschpumpe
bill Rechnung
bill of cost Kostenrechnung
billet (Stahl-)Knüppel
bimetal Bimetall
bimetallic element IEEE Bimetallelement
bimotored zweimotorig
bin Behälter
binary IEEE binär
binary digit IEEE Binärziffer
binary notation Binärschreibweise
bind, to (an)binden, schnüren
binder IEEE Bindemittel
binding IEEE Bindung, Schnürung
binding upon the vendor bindend für den Verkäufer
binnacle Kompasshaus
binocular zweiäugig, binokular
binomial binomisch
binomial series Binomialreihe
biophysics Biophysik
biphase zweiphasig
biphase connection Zweiphasenschaltung
biplug Doppelstecker
bipolar IEEE doppelpolig
bird's eye view Vogelperspektive
bisect, to halbieren (Fläche)
bisecting (bisection) Halbierung, Zweiteilung
bismuth Wismut
bismuthiferous wismuthaltig
bistable IEEE bistabil

bit IEEE Nachrichteneinheit
bit rate Bitfrequenz, Bitgeschwindigkeit
bit/s Bits pro Sekunde (NE/s)
bitumen Bitumen, Erdpech, Asphalt
bivalence Zweiwertigkeit
bivalent zweiwertig
B/L (bill of loading) Konnossement, Frachtbrief
black enamelled schwarz feuerlackiert
black-finishing Brünieren
black finish mild steel Schwarzblech
black lead Graphit
black-out Stromausfall, Verdunkelung
blacken, to (ein)schwärzen
blacksmith Schmied
blade IEEE Blatt, Flügel, Klinge, Messer (bei Messerschaltern)
blank IEEE leer, weiss, unbeschrieben
blanket Mantel, Brutzone
blast Stoss (Wind)
blast furnace Hochofen
blast pressure Gebläsedruck
bleary verwaschen (Bild)
bleeder IEEE Ableitwiderstand, Schutzwiderstand
bleeding Dampfanzapfung
bleep, to piepsen (Funksignale)
blemish IEEE Fehlerstelle (TV)
blend, to verschmelzen, mischen
blend Mischung
blind, to blenden
blind Lichtblende, Lichtvorhang
blind approach beacon Blindlandefeuer
blind flange Blindflansch
blind flying Blindfliegen, Blindflug
blinding Blendung
blink, to blinken
blinker signal Blinkzeichen
blip IEEE Echosignal (Radar)
blister, to Blasen bilden (Lack)
blister Blase
blob Lötperle, Schweissperle
block, to blockieren, blocken
block Block, Klotz, Sperre
block diagram IEEE Blockschaltbild
blockage Blockierung
blocking Blockieren, Sperrung, Verriegelung
block voltage Sperrspannung
blow, to durchbrennen (Sicherung), blasen
blow in, to einblasen
blow out, to ausblasen
blow up, to explodieren
blow Hieb, Schlag
blow magnet Blasmagnet
blower Lüfter, Gebläse
blower cooled engine durch Gebläse gekühlter Motor
blower cooling Gebläsekühlung
blowing engine Gebläsemaschine
blueprint (Blau-)Pause
blunder grober Fehler
blunt stumpf
blur, to trüben, verwischen, verschwimmen
blurred verwischt, verschwommen, unscharf
board Tafel, Brett, Diele
boarding Täfelung, Verkleidung
bobbin Beutel, Spule, Wicklung
boil, to sieden, kochen
boiled oil Leinölfirnis
boiler Kessel, Boiler, Heizkessel
boiler feed pump Kesselspeisepumpe

bold-face (type) Fettdruck
bold-faced fettgedruckt
bolometer IEEE (Strahlungs-) Bolometer
bolt, to verriegeln, abriegeln
bolt together, to verschrauben
bolt Riegel, Schraube (mit Mutter)
bolted connection Schraubverbindung
bond, to (ver)binden
bond together, to zusammenkitten
bond IEEE Verbindungsstelle
bonding IEEE Bindung
bonnet Motorhaube
booklet Broschüre
Boole's function Boolesche Funktion
boost, to IEEE erhöhen (Spannung, Druck)
boost charge IEEE Schnelladung
boost pressure Ladedruck (bei Motoren)
booster IEEE Spannungserhöher, Zusatzverstärker
booth Stand, Zelle, Kabine
bootstrap IEEE Ladeprogramm
border, to umranden
border Kante, Grenze
bore, to bohren
bore IEEE Bohrung, Ausbohrung
bore bit Bohrspitze
borer Bohrer
boron Bor
bottle, to abfüllen (in Flaschen)
bottle Flasche
bottom Boden, Grund, Unterteil
bottom face Grundfläche
bottom side Unterseite
bottom view Untenansicht
bounce, to springen, prallen

bounce Prellen (Schalter), Rückprall, plötzlicher Sprung
bound Grenze, Schranke
boundary IEEE Abgrenzung, Grenze
boundary layer Grenzschicht
boundary line Begrenzungslinie
boundary region Grenzgebiet
bounded by eingegrenzt von
boundless unbegrenzt
bow Bügel, Bug
bowl Schale, Napf, Pfanne
box, to in Kisten verpacken
box Gehäuse, Schachtel, Kiste, Kasten
boxed verpackt
boxing Einpacken in Kisten
brace, to versteifen, abstützen, verstreben
brace geschweifte Klammer (Math.), Strebe, Abstützung, Versteifung
braced versteift, verstrebt
bracket IEEE eckige Klammer (Math.), Stütze, Konsole
bracket, to remove the die Klammer auflösen
bracket term Ausdruck in eckigen Klammern
braid, to umflechten, umklöppeln
braid Umflechtung, Umspinnung, Geflecht
braid wire Flechtdraht
brake, to (ab)bremsen
brake, to apply the brake (ab)bremsen
brake Bremse
brake control IEEE Bremssteuerung
brake action Bremswirkung
brake lifting magnet Bremslüftmagnet

brake shoe Bremsbacke
braking Bremsen, Bremsung, Hemmung
braking by short-circuiting armature Ankerkurzschlussbremsung
braking torque Bremsmoment
branch, to verzweigen, abzweigen
branch off, to abzweigen
branch Verzweigung, Zweig
branch box Abzweigdose
branch circuit IEEE Zweigstromkreis
branch distribution centre Leitungsverteiler
branch current Zweigstrom, Teilstrom
branch joint Abzweigpunkt
branch office Zweigstelle
branch pipe Abzweigrohr
branch tee of a pipe Rohrabzweigstück
branched verzweigt, gegabelt
brand Handels(marke) von Waren
branding iron Brennstempel
brand-new nagelneu
brass Messing
brass box Metallbüchse
brass case Messinggehäuse
brasses (Pl.) Lagerschalen
brass sheet Messingblech
brass plate Messingblech, -platte
brass wire Messingdraht
brass work Messingbeschläge (Pl.)
Braun tube Braunsche Röhre, Kathodenstrahlröhre
braze, to hartlöten, verlöten
braze-welding Schweisslöten
brazier Klempner, Kupferschmied
brazing Hartlöten
brazing solder Hartlot

breadth Breite, Weite
break, to brechen, unterbrechen, zerschlagen
break asunder, to auseinanderbrechen
break down, to zusammenbrechen, abbrechen
break open, to aufbrechen, aufplatzen
break Unterbrechung, Bruch, Bruchlinie
break contact Öffnungskontakt, Ruhekontakt
break-even point Unkostendeckungspunkt
break of current Stromunterbrechung
break-off Abbruch
break period Öffnungsdauer
break-proof bruchfest
break stress Bruchspannung
breakability Zerbrechlichkeit
breakable zerbrechlich
breakable connection lösbare Verbindung
breakaway torque IEEE Losbrechmoment
breakdown Panne, Versagen, Zusammenbruch, Aufgliederung, Zerlegung (Chem.)
breakdown of service Betriebsstörung
breakdown voltage IEEE Durchschlagsspannung, Durchbruchspannung
breaker Unterbrecher, Schalter
breaking Zerbrechen, Knickung
breaking of a code Entschlüsselung
breaking capacity Ausschaltvermögen, Ausschaltleistung

breaking elongation Bruchdehnung
breaking limit (or: point) Zerreissgrenze
breaking strength Bruchfestigkeit, Zerreissfestigkeit
break-out Durchbruch
breakover voltage Kippspannung
breakup Zerlegung
breathe, to atmen
breather IEEE Entlüfter, Entlüftungsöffnung
breeze Guss
breeze oven Gussofen
brick Ziegel, Mauerstein
brick layer Maurer
brick lining Ausmauerung
bricking Mauerwerk
bridge, to überbrücken
bridge across, to durchschleifen
bridge Brücke
bridge amplifier Messbrückenverstärker
bridge balance Brückenabgleich
bridge circuit Brückenschaltung
bridge controlled machinery von der Brücke gefahrene Maschinenanlage
bridge rectifier circuit IEEE Graetz-Schaltung, Brückengleichrichter
bridge type diplexer Brückenweiche
bridging Überbrückung
Brigg's logarithm Briggscher Logarithmus, dekadischer Logarithmus
bright hell, lichtstark, glänzend
bright adaption Hellanpassung
bright chromium plating Glanzverchromung
bright-anneal, to blankglühen
bright-polished glanzpoliert

bright wire blanker Draht
brighten up, to aufhellen, erhellen
brightener Glanzmittel, Glanzzusatz
brightly lit hell erleuchtet
brightness IEEE Helligkeit, Glanz
brilliance Wiedergabebrillanz, Glanz, Helligkeit
brilliant strahlend, leuchtend
brilliant varnish Glanzlack
brimstone yellow schwefelgelb
brine Sole, Salzwasser
Brinell hardness Brinellhärte
bring about, to ermöglichen, bewirken, bewerkstelligen
bring into position, to in Stellung bringen
brining Versalzen, Versalzung
brittle spröde, brüchig
brittleness Sprödigkeit, Brüchigkeit
broach Räumnadel, Reibahle
broaching Räumen
broad breit, weit
broadband Breitband
broad-base tower Hochspannungsmast mit zwei Füssen
broadcast Rundfunk, Funksendung
broadcast receiver Rundfunkempfänger
broadcast transmitter Rundfunksender, -station
broadcasting Rundfunkübertragung
brochure Druckschrift, Broschüre
bromic Brom...
bromid Bromid
bronze Bronze
bruise, to quetschen, einbeulen
bruise Quetschung
brush IEEE Bürste
brush holder Bürstenhalter

brush lifter Bürstenabheber
brushing discharge Büschelentladung
B. S. G. (British Standard Gauge) Britische Normallehre
B. Th. U. (British Thermal Unit) Britische Wärmeeinheit
bubble, to brodeln, Blasen bilden
bubble Blase
bubbling Blasenbildung
Buchholz relay Buchholz-Relais
buck, to in Lauge einweichen, entgegenwirken
buck Lauge
bucket Eimer
bucket wheel dredge Schaufelradbagger
bucking voltage Kompensationsspannung
buckle, to krümmen
buckle Knick, Spange, Schnalle
buckled krumm, verbeult
buckling Verbeulung, Verkrümmung
buckram Steifleinen
buff, to polieren, glanzschleifen
buff Polierscheibe
buffer IEEE Puffer
buffering IEEE Puffern, Zwischenspeichern
buffer battery Pufferbatterie
bug, to abhören
bug Abhörvorrichtung, unsteter Fehler, zeitweises Versagen
buggy Lore
build, to bauen, herstellen, fertigen, erzeugen
build-up Aufbau, Zuwachs
builder Erbauer, Bauherr
building IEEE Bauwerk, Aufbau, Gebäude

building block Baustein
built-in IEEE eingebaut
built-in unit Einbauteil, -aggregat
bulb IEEE Birne, Röhrenkolben
bulbous bow Wulstbug
bulge, to ausbeulen
bulge Beule
bulge of the earth Erdkrümmung
bulk Masse, Umfang, Grösse, Hauptteil
bulk cargo Schüttgut, Massengut
bulkhead Schott
bulk manufacture Massenfertigung
bulk oil circuit-breaker Kesselölschalter
bulkiness Sperrigkeit
bulky sperrig, umfangreich
bull, to bullern, ballern
bulletin Tagesbericht
bull's eye Bull(en)auge
bulwark Schanzkleid
bumper Stossstange
bunch, to bündeln, zusammenballen
bunch Bündel, Bund
bunched gebündelt, geballt
bundle, to bündeln, binden
bundle IEEE Bündel, Bündelung (Kabel)
bungle, to verpfuschen
Bunsen burner Bunsenbrenner
buoy Boje, Bake, Tonne
buoyage Belohnung
buoyancy Auftrieb, Schwimmfähigkeit
buoyant schwimmfähig
burden IEEE Bürde
burette Bürette, Messglas
burglar alarm IEEE Einbruchswarnanlage

burglar-proof einbruchssicher, diebessicher
burial ground Abfallgrube, Abfallager
buried erdverlegt, unter Putz, versenkt, eingebaut
buried cable IEEE Erdkabel
buried wiring Leitungsverlegung unter Putz
burn, to brennen, verbrennen
burn off, to abbrennen
burn-in IEEE Einbrennen (Stabilisieren von Charakteristiken)
burn out (or: through), to durchbrennen
burner Brenner
burner nozzle Brennerdüse
burner tip Brennerkopf
burning Verbrennung, Verbrennen
burning of contact Kontaktabbrand
burnish, to glanzschleifen, presspolieren
burnisher Polierstahl, Poliermaschine
burnishing IEEE Presspolierung
burr, to entgraten, abgraten
burr Gussnaht, Grat
burring machine Abgratmaschine
burst, to bersten, aufreissen, platzen
burst IEEE Impuls, Stoss
bursting Platzen, Bersten, Zerspringen
bus (bar) IEEE Sammelschiene, Stromschiene, Sammelleiter
bush Buchse, Lagerbuchse
bushing IEEE Durchführung, Ausfütterung
bushing guide Führungslager
bushing transformer Durchsteckwandler

bushing type capacitor Durchführungskondensator
busy besetzt, belegt (Tel.)
busy signal Besetztzeichen
busy tone IEEE Besetztzeichen
butane Butan
butt-joint, to stumpf aneinanderfügen
butt-weld, to stumpfschweissen
butt Stoss, Verbindungsstoss, Stumpfstoss
butt-joint IEEE Stumpfverbindung, Stossnaht
butt-riveting Laschennietung
butt weld Stumpfschweissung
butterfly nut Flügelmutter
Butterworth system Butterworthsystem
button Druckknopf, Taste, Knopf
buttress, to stützen
buttress Strebepfeiler
burylene Burylen
buyer Einkäufer, Käufer
buzz, to summen
buzzer IEEE Summer
buzzing Summen
by-pass, to überbrücken, umgehen
by-pass Beipass, Nebenleitung, Umgehung
by-pass engine Mantelstromtriebwerk
by-passing Überbrückung, Umgehung
by-path Parallelweg, Nebenweg
by-product Nebenerzeugnis, -produkt
by-reaction Nebenwirkung
by virtue of kraft
by way of mittels
by way of expedient behelfsmässig

C

c-shaped washer geschlitzter Federring
c to c (centre to centre) von Mitte zu Mitte
c & f (cost and freight) Kosten und Fracht
c & i (cost and insurance) Kosten und Versicherung
cabin Zelle, Häuschen, Kabine
cabinet IEEE Schrank(kästchen), Werkzeugschrank
cabinet drawing Möbelzeichnung
cabinetmaker Tischler, Schreiner
cable, to kabeln, verkabeln, mit Kabel verbinden
cable-connect, to anschliessen
cable IEEE Kabel, Drahtseil, Drahtnachricht, Kabeltrosse
cable armour(ing) IEEE Kabelbewehrung
cable bearer Kabelträger, -halter
cable box Kabelkasten
cable bracket Kabelträger, -konsole
cable break Kabelbruch
cable chute Kabelschacht
cable clamp Kabelschelle
cable compound Kabelvergussmasse
cable fittings Kabelgarnitur
cablegram Kabelgramm
cable head Kabelabschluss, Kabelkopf
cable jacket Kabelmantel
cable joint IEEE Kabellötstelle, Kabelverbindungsstelle
cable laying Kabellegung
cable layout Kabelplan
cable pothead Kabelabschlussmuffe
cable rack IEEE Kabelgestell
cable reel IEEE Kabeltrommel
cable runway Kabelschacht
cable screw Kabelklemmschraube
cable sealing end Kabelendverschluss
cable shelf Kabelrost, -gestell
cable strand Kabellitze
cable suspension Kabelaufhängung
cable terminal IEEE Kabelanschluss
cable winch Kabelwinde
cabling Verkabelung, Kabellegung
caboose Kombüse
cadet Kadett, Zögling, Offiziersanwärter
cadmium Kadmium
caesium Zäsium
cage IEEE Käfig
cage rotor IEEE Käfigläufer
cage winding IEEE Käfigwicklung
calcareous kalkhaltig
calcination Kalzinierung
calcium Kalzium
calcium carbide Kalziumkarbid
calculable berechenbar
calculate, to rechnen, kalkulieren
calculating disc Rechenscheibe
calculating roughly überschlägig berechnet
calculation IEEE Rechnung, Berechnung
calculator IEEE Rechenmaschine, Kalkulator
calculus Rechnung (bes. Infinitesimalrechnung)
caldron grosser Kessel

calendar Kalender
caliber (calibre) Kaliber, Rohrweite
calibrate, to IEEE eichen
calibrating potentiometer Eichpotentiometer
calibration IEEE Eichung
calibration instrument IEEE Eichgerät, -instrument
calibrator IEEE Eichgerät
caliper, to mit Tastlehre messen
caliper rule Schublehre
caliper rules Tastzirkel
call (up), to anrufen
call indicator IEEE Rufanzeiger
call signal (or: sign) Rufzeichen
caller Besucher
calm down, to (Wind) abflauen
calm Windstille
caloric kalorisch
calorie (calory) Kalorie
calorific wärmeerzeugend
calorific power Heizwert, -kraft
calorimeter IEEE Kalorimeter, Wärmemesser
calorimetry Wärmemengenmessung
calotte Kalotte
cam, to mit Nocken versehen
cam Nocke(n), Steuerkurve
cam controlled (operated) nockenbetätigt
cam controller Nockenfahrschalter
cam disc Nockenscheibe
cam drive Nockenantrieb
cam follower Nockenstössel
camshaft Nockenwelle
cam switch IEEE Nockenschalter
camber Wölbung, Ausbauchung
cambric Batist
cambric tape Band aus Öltuch
camouflage, to tarnen

camouflage Tarnung
camouflage material Tarnstoff
can IEEE Becher, Dose, Kanne
canal (künstlicher) Kanal
cancel, to IEEE streichen, annullieren, für ungültig erklären
cancel key Löschtaste
cancellation IEEE Kündigung, Aufhebung
cancelling Löschung, Streichung
candela IEEE Candela (Lichtstärkeeinheit)
candle IEEE Kerze
canned assembly Becherkonstruktion
cannibalisation Ausschlachtung (Teile)
cannibalise, to ausschlachten (Teile)
canning Tonaufzeichnung, Umhüllung
cant, to verkanten
cant Verkantung, Schräge
CANTAT Transatlantic cable laid 1961; 80 circuits, 3 kc-spaced
canted shot verkantete Aufnahme
cantilever freitragender Ausleger
cantilever beam Auslegerbalken, Freiträger
caolin Kaolin, Porzellanerde
CANUSE Canada-US Eastern Interconnection (ein Verbundnetz)
canvas Segeltuch
canyon Tunnel (für Brennstoffstäbe)
caoutchouc Kautschuk
cap, to sockeln
cap Sockel, Kappe, Haube
cap nut Hutmutter
capability IEEE Fähigkeit, Vermögen

capacitance IEEE Kapazität (Farad)
capacitive IEEE kapazitiv
capacitor IEEE Kondensator
capacity IEEE Fähigkeit, Leistungsfähigkeit, Fassungsvermögen
capillarity Kapillarität
capillary kapillar
capitalise, to gross schreiben
capstan Spill, Ankerwinde
capsule Kapsel
caption Überschrift, Titel, Bildunterschrift
capture, to fangen, einfangen
carat Karat
carbide Karbid
carbon Kohlenstoff
carbon-arc lamp IEEE Kohlebogenlampe
carbon compound Kohlenstoffverbindung
carbon dust Kohlenstaub
carbon filament Kohlenfaden
carbon steel Kohlenstoffstahl
carbonaceous kohlenstoffhaltig
carbonate Karbonat
carbonic acid Kohlensäure
carbonic oxide Kohlenoxyd
carbonisation Verkohlung
carbonise, to verkohlen
carborundum Karborund
carboy Korbflasche, Ballon
carburet, to vergasen (Benzin)
carburettor Vergaser
carburettor adjustment Vergasereinstellung
carburettor engine Vergasermotor
carcassing Rohbau
card IEEE Karte, Lochkarte

cardboard Karton
cardboard box Pappschachtel, -karton
Cardan drive Kardanantrieb
Cardan joint Kardangelenk
Cardan shaft Kardanwelle
Cardew voltmeter Hitzdrahtvoltmeter
cardinal number Grundzahl
cardinal point Hauptpunkt (einer Skala)
cardiogram Kardiogramm
cardiograph Kardiograph
cardioid herzförmig
carelessness Unachtsamkeit
cargo Fracht
cargo and passenger vessel Fracht- und Fahrgastschiff
Carnot working cycle Carnotscher Kreisprozess
carpenter bench Hobelbank
carriage Wagen, Frachtgebühren
carriage body Karosserie
carriage paid frachtfrei
carrier IEEE Träger, Mitnehmer
carrier frequency IEEE Trägerfrequenz
carrier telegraphy IEEE Trägertelegraphie
carrier telephony IEEE Trägertelephonie
carrier wave IEEE Trägerwelle
carry, to IEEE tragen, übertragen
carry over Übertrag
carrying capacity Tragfähigkeit Tragvermögen, Belastbarkeit
carrying force Tragkraft
carrying handle Traggriff
cart Karre, kleiner Wagen
Cartesian coordinates kartesische Koordinaten

carton Karton (Behälter)
cartridge Patrone
cartridge fuse IEEE Sicherungspatrone
carve, to einschneiden, schnitzen, ausstechen
cascade, to in Kaskade schalten
cascade Kaskade
cascade tube Kaskadenröhre, Ionenröhre
case IEEE Gehäuse, Kasten, Futteral
case at hand der vorliegende Fall
case of damage Schadensfall
cash box Münzbehälter
casing Gehäuse, Ummantelung
cask Tonne, Fass, Fässchen
cassette Kassette
cast, to giessen (Metall)
cast integral, to angiessen
cast Guss, Gussform, Abguss
cast iron Gusseisen
castability Vergiessbarkeit
caster wheel schwenkbare Rolle
casting Guss(stück)
casting die Metallgussform
casting flaw Gussfehler
castle nut Kronenmutter
castor schwenkbare Rolle
cat's eye Katzenauge
catalog (catalogue) Katalog
catalogue, to katalogisieren
catalysis Katalyse
catalyst Katalysator
catalytic katalytisch
catapult, to katapultieren
category Kategorie
catenary Kettenlinie, Seilkurve
catenary wire Tragdraht
caterpillar drive Raupenantrieb
caterpillar tractor Raupenschlepper
cathode IEEE Kat(h)ode
cathode-ray tube IEEE Kat(h)odenstrahlröhre
cathodic IEEE kat(h)odisch
catholyte Kat(h)olyt
cation IEEE Kation
cation migration Kationenwanderung
caulk, to verstopfen, abdichten
causal ursächlich, kausal
causal connection Kausalzusammenhang
cause, to bewirken, verursachen, hervorrufen
caustic ätzend
caustic cell Alkalielement
caustic lime gebrannter, ungelöschter Kalk
caustic lye Natronlauge
caustic potash Kalihydrat
caustic soda Ätznatron
causticity Ätzkraft
caution Warnung, Vorsicht
cave (heisse) Zelle
cavitation IEEE Kavitation
cavity Hohlraum, Kavität, Höhlung
cavity resonance IEEE Gehäuseresonanz
cavity resonator IEEE Hohlraumresonator
cease, to aufhören
cedar wood Zedernholz
ceiling Decke
ceiling duct Deckendurchführung
ceiling lamp Deckenlampe
ceiling suspension Deckenmontage
ceiling voltage Spitzenspannung
celestial axis Himmelsachse
celestial body Himmelskörper

celestial coordinates
Himmelskoordinaten
celestial navigation Astronavigation
cell IEEE Zelle, Element
cell cover Zellendeckel
cell terminal Klemme eines Elements
cellophane Zellophan
cellular IEEE zellenartig, zellenförmig
celluloid Zelluloid
cellulose Zellulose, Zellstoff
cement, to zementieren, abdichten, kitten
cement Zement
cementation Zementierung
cemented lens verkittete Linse
cementing Zementierung
c.e.m.f. (counter electromotive force) gegenelektromotorische Kraft, Gegen-EMK
census Totalerhebung
center (centre), to zentrieren, mittig einstellen
center (centre) Zentrum, Mittelpunkt, Mitte
center pin Zentrierstift
center tapping Mittelanzapfung
centered zentriert
centering Zentrierung
centesimal hundertteilig, zentesimal
centibar Zentibar
centibel Zentibel
centigrade Celsius (hundertteilige Skala)
centigram Zentigramm
centimetre graduation Zentimeterteilung
centimetre radio link Zentimeterrichtverbindung
central mittig, zentrisch, zentral

central exchange Fernsprechvermittlung
central processing unit IEEE Zentrale Recheneinheit
centralization Zentralisation, Zentralisierung
centralize, to zentralisieren, zusammenlegen, konzentrieren
centrally situated zentral gelegen
centre hole Zentrierloch
centre lathe Spitzendrehbank
centre line Mittellinie
centre of anticyclone Hochdruckzentrum
centre of attraction Anziehungsmittelpunkt
centre of gravity Schwerkraftzentrum.
centre of pressure Hochdruckzentrum
centre of inertia Trägheitsmittelpunkt
centre of low (barometric) pressure Tiefdruckzentrum
centre point Mittelpunkt
centre position Totlage
centre punch Körner
centre to centre von Mitte zu Mitte
centre-to-centre spacing Abstand von Mitte zu Mitte
centre scale Skala mit Nullpunkt in der Mitte
centric zentrisch
centrifugability Schleuderverhalten
centrifugal zentrifugal, mittelpunktflüchtig
centrifugal force Zentrifugalkraft, Fliehkraft
centrifugal impeller Zentrifugalgebläse

centrifugal machine Zentrifuge
centrifugal mass Schwungmasse
centrifugal moment Schwungmoment
centrifugal starter Fliehkraftanlasser
centrifugalize, to zentrifugieren
centrifuge, to zentrifugieren
centrifuge Zentrifuge
centring Zentrierung, Zentrieren
centripetal zum Mittelpunkt hinstrebend, zentripetal
ceramic keramisch
ceramics Keramik
cerium Zerium
cermet fuel element Cermet-Brennelement
certificate Zertifikat, Zeugnis
certificate of apprenticeship Lehrzeugnis
certification IEEE Bescheinigung, Bestätigung
certify, to bescheinigen
chad IEEE Stanzblättchen
chads Schnitzel
chafe, to scheuern, reiben
chain Kette
chain of atoms Atomkette
chain reaction Kettenreaktion
chalcocite Kupferglanz
chalk Kreide
challenge, to abfragen (Radar)
challenger Abfragesender
chamfer, to fasen, abkanten, abschrägen
chamfer angle Abfasungswinkel
chamfering Abschrägung
change, to ändern, umstellen, umwechseln, abändern
change over, to umschalten
change Änderung, Abänderung, Umstellung

change in cross section Querschnittübergang
change in direction Richtungsänderung
change lever Umschalthebel
change-over Übergang, Umschaltung, Zeichenwechsel
change-over contact Wechselkontakt
change-over switch IEEE Umschalter
change point Wechselpunkt
change-pole motor polumschaltbarer Motor
change-speed motor Motor mit Drehzahländerung
changing cycle Wechselvorgang
channel, to auskehlen
channel IEEE Kanal, Auskehlung, Riefe, Fahrwasser, Rinne
channelled kanneliert
channelled (steel) plate Riffelblech
characteristics IEEE Kennwerte, Kenndaten, Eigenschaften
charcoal Holzkohle
charge, to IEEE laden
charge IEEE Ladung, Charge
charge carrier Ladungsträger
charge for cancellation Streichungsgebühr
chargeable gebührenpflichtig
charged geladen
charger Ladeeinrichtung, Ladegerät
charges Kosten, Gebühren
charging Berechnung, Verrechnung, Belastung, Aufladung
charging board Ladetafel
charging circuit Ladestromkreis
charging equipment Ladevorrichtung

charging panel Ladetafel
charging rectifier Ladegleichrichter
charging switchboard Ladeschalttafel
charging voltage Ladespannung
chariot Schlitten
chart, to graphisch darstellen
chart IEEE Karte, Tafel, Kurvenblatt, Übersicht
charting Registrierung
chase, to treiben
chase a screw thread, to ein Gewinde nachschneiden
chaser type thread snap gauge Gewinde-Rachenlehre mit festem Gewindeprofilstück
chassis Fahrgestell, Chassis, Aufbauplatte
chassis ground Masse
chatter, to klappern, prellen
chatter of switch Schalterprellen
check, to überprüfen, nachsehen, kontrollieren
check IEEE Überprüfung, Durchsicht, Kontrolle
check nut Gegenmutter
checker Abnahmebeamter
checking Prüfung, Kontrolle, Nachprüfung
checkout Funktionsprüfung, Startvorbereitungen
checkpoint IEEE Prüfstelle
chemical chemisch
chemically pure chemisch rein
chemicals Chemikalien
chemist Chemiker
chemistry Chemie
cherry red heat volle Rotglut
chest Kiste
chief hauptsächlich

chief designer Chefkonstrukteur
chief engineer Chefingenieur
chill, to abschrecken (Metall)
chill Kokille
chill casting Hartguss
chimney Kamin, Schornstein
china clay Kaolin, Porzellanerde
chip off, to abblättern, abspringen
chip IEEE Plättchen, Span, Schnitzel
chip board Holzfaserplatte, Spanholzplatte
chips Stanzabfälle, Schnitzel
chirp, to zwitschern (Radio)
chirping Zwitschern (Radio)
chisel, to meisseln
chisel off, to abmeisseln, wegmeisseln
chisel Meissel, Stemmeisen
chiseling-out Ausstemmung
chlorate Chlorat
chloride Chlorid
chlorine Chlor
chloroprene Chloropren
choice Wahl, Auswahl
choke, to drosseln
choke out, to abdrosseln
choke IEEE Drossel, Drosselspule
choking Drosselung
choke coil IEEE Drosselspule
choose, to wählen, auswählen, aussuchen
chop, to zerhacken
chop up into pulses, to zu Impulsen zerhacken
chopped IEEE zerhackt
chopper IEEE Zerhacker, Chopper
Christmas-tree antenna Tannenbaumantenne
chromate chromsaures Salz, Chromat

chromatic chromatisch, farbig
chromatics Farbenlehre
chrome, to verchromen
chrome Chrom
chromium Chrom
chronometer Chronometer
chuck (Auf-)Spannfutter, Einspannvorrichtung
chuck jaws Einspannbacken
chuck tool Spannwerkzeug
chug, to knattern
c.i.f. (cost, insurance, freight) Kosten, Versicherung, Fracht inkl.
cinematograph camera Filmkamera
cinematographic kinematographisch
cinematography Kinematographie
cineradiography Röntgenkinematographie
cinnabar Zinnober
cipher, to verschlüsseln
circle Kreis
circle cutter Kreisbohrer
circle diagram IEEE Kreisdiagramm
circle minute Kreisminute
circle of longitude Längenkreis
circle segment Kreisabschnitt
circuit Stromkreis, Schaltung, Leitung (Tel.)
circuit algebra Schaltungsalgebra
circuit arrangement Schaltungsaufbau
circuit breaker IEEE Leistungsschalter
circuit-breaking capacity Schaltleistung
circuit closing connection Arbeitsstromschaltung
circuit design Schaltungsaufbau
circuit designer Schaltungsfachm.

circuitry Schaltung, Schaltungsaufbau
circuitwise schaltungsmässig
circular kreisförmig, kreisrund
circular cross section Kreisquerschnitt
circular mil IEEE one-thousandth part of an inch
circulate, to zirkulieren, umlaufen, kreisen
circulate around, to umströmen
circulation Zirkulation, Umlauf, Kreislauf
circumference Umkreis, Peripherie, Umfang
circumferential am Umfang verlaufend, Umfangs...
circumferential velocity Umfangsgeschwindigkeit
citation Erwähnung; auch Vorladung
cite, to zitieren, vorladen
clad, to plattieren
clad Überzug
cladding Verkleidung
claim Anspruch
clamp, to einspannen
clamp in place, to festklemmen
clamp IEEE Zwinge, Klammer, Schelle
clamp bolt Spannschraube
clamp collar Klemmring
clamp coupling Schalenkupplung
clamp chuck Klemmfutter
clamp device Einspannvorrichtung
clamp roller Klemmrolle
clamp jaw Klemmbacke
clamp ring Klemmring, Schelle
clamp sleeve Spannhülse
clamp tool Spannwerkzeug

clapper Klöppel, Schwengel
clarifier Feinabstimmvorrichtung
clarify, to klären
clarity Deutlichkeit
clasp Stange
classification Einteilung, Klassifizierung
classified directory Branchentelefonbuch
classify, to einteilen, klassieren
clatter, to rattern
clause Klausel
claw Greifer, Klaue
clay Ton (Erde)
clean, to reinigen, säubern, putzen
clean rein, sauber
cleaning IEEE Reinigung
cleanse, to reinigen, säubern
clear, to beheben, räumen, freigeben
clear a fault, to eine Störung beseitigen
clear deutlich, klar, hell
clear height lichte Höhe
clearance IEEE Freigabe
clearing time IEEE Ausschaltzeit (Sich.), Abschaltzeit, Schmelzzeit
clearness Deutlichkeit, Klarheit, Schärfe, Reinheit
cleat, to befestigen
cleat IEEE Klampe, Leiste
cleavability Spaltbarkeit
cleavable spaltbar
cleavage Spaltung
cleave, to spalten, zerspalten
cleft Sprung, Riss
clerical work Büroarbeit
clew Knäuel
click, to knacken, klicken
click Klicken, Knacken
climate Klima

climatology Klimalehre
climb, to klettern
climbers Steigeisen
cling, to anhaften
clinker Klinker
clinometer Neigungswinkelmesser
clip, to abschneiden, stutzen
clip IEEE Klammer
clip-on ammeter Zangenstrommesser
clock, to die Zeit stoppen
clock IEEE Uhr, Taktgeber
clockwise im Uhrzeigersinn, nach rechts drehend
clock rotation Rechtslauf
close, to schliessen, zugehen
close nahe, dicht, eng, genau
closed geschlossen
closed circuit IEEE geschlossener Stromkreis, Ruhestromkreis
closed-loop control system IEEE (geschlossenes) Regelsystem
closing IEEE Schliessung, Schliessen (Kontakt)
closure Schliessen, Schliessung
clot, to sich zusammenballen, Klumpen bilden, gerinnen
cloth Stoff, Tuch
cloud, to verdecken
cloud Wolke
clouded bewölkt
cloudy bewölkt
cluster, to sich zusammenballen, anhäufen
cluster Haufen, Anhäufung
clutch, to kuppeln
clutch (ausrückbare) Kupplung
clutter Störflecke
coal Kohle
coarse grob

coarse adjustment Grobeinstellung
coat, to IEEE vergüten, (an)streichen
coat Lage, Schicht, Überzug
coating IEEE Überzug, Anstrich
coaxial IEEE koaxial, gleichachsig, konzentrisch
coaxial cable IEEE Koaxialkabel
code IEEE Kode
coefficient IEEE Koeffizient, Beiwert
coercive force IEEE Koerzitivkraft
cogged ingot Vorblock (Giesserei)
cohere, to zusammenhalten
coherence IEEE Kohärenz
coherer Fritter, Frittröhre
cohesion Kohäsion
cohesive power Kohäsionskraft
coil, to spulen, wickeln, wendeln
coil IEEE Spule, Windung
coil-loaded bespult, pupinisiert, spulenbelastet
coin box IEEE Münzfernsprecher
coincide, to zusammenfallen, übereinstimmen
coincidence IEEE Zusammenfallen, Zusammentreffen, Gleichzeitigkeit
coincident gleichzeitig (eintretend)
coke, to verkoken
coke Koks
coking Verkokung
cold-bend, to (Metall) kalt biegen
cold-forge, to kalt schmieden
cold Kälte
cold cathode IEEE kalte Kat(h)ode
cold chamber Kälteschrank
cold-rolled kaltgewalzt
collaborator Mitarbeiter
collapse, to zusammenfallen, zusammenbrechen
collapse Zusammenfall, Zusammensturz
collapsible zerlegbar, auseinandernehmbar, zusammenlegbar
collar Stellring, Manschette, Bund, Kragen
colleague Fachgenosse, Kollege
collect, to sammeln, auffangen
collection Sammlung
collector Kollektor, Stromabnehmer
collet Klemmring
collide, to kollidieren, zusammenstossen, zusammentreffen
collision Anprall, Kollision, Stoss, Zusammenprall
colour (color) IEEE Farbkode
colour picture Farbbild
coloured farbig, gefärbt
colouring Färben
column IEEE Säule, Spalte
column binary code IEEE spaltenbinärer Kode
column of water Wassersäule
comb Kamm
comb collector Kammstromabnehmer
combination Kombination, Vereinigung, Zusammensetzung
combine, to kombinieren, vereinigen, zusammenfassen
combustibility Brennbarkeit
combustible verbrennbar, brennbar
combustion Verbrennung, Verbrennen
combustion engine Verbrennungskraftmaschine
comfortable grip bequemer Griff
command IEEE Befehl

comment Stellungnahme, Kommentar
commentator Kommentator
commercial wirtschaftlich
commission Vermittlungsgebühr, Provision
commissioning test IEEE Übergabeprüfung
committee Kommission, Ausschuss
common IEEE gemeinsam
common aerial Gemeinschaftsantenne
communicate, to in Verkehr stehen, mitteilen, in Verbindung stehen
communication IEEE Nachricht, Verkehr, Verbindung
communications IEEE Fernmeldewesen
community antenna Gemeinschaftsantenne
commutate, to kommutieren, umpolen
commutating field IEEE Wendefeld
commutating pole IEEE Wendepol
commutating winding Wendefeldwicklung
commutator IEEE Stromwender, Kommutator, Kollektor
compact dicht, gedrängt, kompakt
company standard Werknorm
comparable vergleichbar
comparator Komparator, Vergleicher
compare, to vergleichen
comparison Vergleich
compartment Fach
compass Kompass, Bussole
compasses (pair of) Zirkel
compensate, to kompensieren, ausgleichen

compensating (compensation) IEEE Ausgleich, Kompensieren, Kompensation
competent fachmännisch
competitor Konkurrent
compile, to IEEE vorbereiten, zusammenstellen
complaint Beanstandung, Reklamation
complement, to komplementieren, ergänzen
complement IEEE Ergänzung, Komplement
complementary IEEE komplementär, ergänzend
complete, to vervollständigen, komplettieren, fertigstellen, ausbauen
complete komplett, vollständig, ganz
completion Vervollständigung, Herstellung
complex verwickelt, kompliziert
complicated kompliziert
component IEEE (Einzel-)Teil, Bauteil
composition Zusammensetzung, Zusammenstellung
compound, to kompoundieren
compound zusammengesetzt, gemischt, Verbindung
compound connection IEEE Verbundschaltung
compound generator Doppelschlussgenerator
compound motor Verbundmotor
compound winding Verbundwicklung
compounding Kompoundierung, Verbundbetrieb
comprehensive umfassend

compress, to zusammenpressen, -drücken, komprimieren, verdichten
compressed air Pressluft, Druckluft
compressed air gauge Druckluftmanometer
compressible zusammendrückbar, verdichtbar
compression Verdichtung, Kompression
compressive force Druckkraft
compressor IEEE Kompressor
computable berechenbar
computation IEEE Errechnung, Berechnung
compute, to berechnen, errechnen, ausrechnen
computer IEEE Rechner, Rechenanlage
computer control unit Befehlswerk, Leitwerk
computer operation Rechnerbetrieb
computing centre Rechenzentrale
concave konkav, hohl
concave cutter Hohlfräser
concave mirror Hohlspiegel
concealed wire Unterputzleitung
concealed wiring Unterputzverlegung
concentrate, to konzentrieren, zusammenlegen
concentrate Konzentrat
concentration Konzentration, Sammlung
concentric IEEE konzentrisch
concept Begriff
concession Zulassung, Konzession
concessionary Konzessionsinhaber
conclude, to folgern, den Schluss ziehen

conclusion Folgerung, Schlussfolgerung
concrete, to betonieren
concrete Beton
concreting Betonierung
condensable verdichtbar
condensate, to kondensieren
condensation Kondensierung
condense, to kondensieren, zusammenpressen, verdichten
condenser IEEE Kondensator
condition IEEE Bedingung, Zustand, Beschaffenheit
conditions of acceptance Abnahmebedingungen
conduct, to leiten, führen
conductance IEEE Leitwert, Konduktanz
conducting leitend
conduction Leitung
conductive leitend
conductive material elektrischer Leiter, leitendes Material
conductivity IEEE Leitfähigkeit
conductor IEEE Leiter, Ader
conduit IEEE Rohr, Schutzrohr, Installationsrohr
conduit box Abzweigdose, Rohrleitungskasten
cone IEEE Konus
cone of dispersion Streukegel
cone of rays Strahlenbündel
confidential vertraulich
configuration Anordnung, Gestaltung
confine, to beschränken
confirm in writing, to schriftlich bestätigen
confirmation Bestätigung
conform with, to übereinstimmen mit

conforming to specifications den Vorschriften entsprechend
confuse, to verwechseln
confusion Verwechslung, Verwirrung
congestion Verstopfung, Besetztsein
conical IEEE konisch
connect, to zusammenschalten, verbinden, anklemmen, anschliessen
connect in parallel, to parallel schalten
connect in series, to in Reihe schalten
connection Anschluss, Schaltung, Verbindung
connection diagram IEEE Anschlussplan, Anschlussdiagramm
connector IEEE Stecker, Leitungswähler
consecutive aufeinanderfolgend
consecutive number laufende Nummer
conservation Erhaltung
consider, to berücksichtigen, in Betracht ziehen
consistence Konsistenz
console IEEE Steuerpult, Kontrollpult
conspicuous auffallend, hervortretend
constant IEE konstant, Konstante
constant load, Dauerlast, Dauerbelastung
constant speed konstante Drehzahl
constantan Konstantan
constituent Bestandteil
constraining force Zwangskraft
constrict, to zusammenziehen

constriction Zusammenziehung, Verengung, Einschnürung
construct, to bauen
construction Bau, Aufbau
constructional baulich
consult, to konsultieren, um Rat fragen
consulting engineer beratender Ingenieur
consulting engineers Ingenieurbüro, beratende Ingenieure
consume, to verbrauchen
consumer Verbraucher, Konsument
consumption Verbrauch
contact, to berühren
contact IEEE Kontakt, Berührung
contact clearance Kontaktabstand
contact making Kontaktgabe
contact piece Schaltstück
contactor IEEE Schütz, Kontaktgeber
contain, to enthalten
container Behälter
containment shell Sicherheitsbehälter, Schutzbehälter
contaminate, to verunreinigen
contamination IEEE Verseuchung, Vergiftung (eines Reaktors), Kontamination
content Gehalt, Inhalt
contents Inhalt
context, in this in diesem Zusammenhang
contingencies (pl.) unvorhergesehene Ausgaben
continuance Andauern, Fortdauer
continuation Fortsetzung
continue, to fortdauern, fortfahren, fortsetzen

continuity IEEE Kontinuität, Stetigkeit
continuous IEEE dauernd, fortdauernd, fortlaufend, stetig, kontinuierlich
continuous duty IEEE Dauerbetrieb
continuous welding Nahtschweissung
contour Kontur, Umgrenzungslinie, Umrisslinie
contract, to zusammenziehen
contract Vertrag, Auftrag, Kontrakt
contraction Zusammenziehung, Verengung
contractor Auftragnehmer (Firma)
contractual vertraglich
contradiction Widerspruch
contradictory widersprüchlich
contrail Kondensstreifen
contrariwise umgekehrt
contrary gegenteilig, entgegengesetzt
contrast, to kontrastieren, Kontrast bilden, sich absetzen
contrast IEEE Kontrast
contrasting sample Gegenprobe
contribute, to beitragen
contrivance Einrichtung, Vorrichtung
contrive, to bewerkstelligen
control, to IEEE steuern, regeln, kontrollieren
control IEEE Steuerung, Regelung, Kontrolle
control circuit IEEE Steuerkreis
control desk IEEE Steuerpult, Schaltpult
control device IEEE Steuervorrichtung
control station Leitstation, Kontrollstelle

controllable steuerbar, regelbar
controlled gesteuert
controller IEEE Regler, Regelgerät
controls Beziehungselemente, Steuerzüge
convector, electric IEEE elektrischer Konvektionsofen
convenience outlet IEEE Steckdose (in guter Reichweite)
conventional gebräuchlich, üblich
converge, to konvergieren
convergence IEEE Konvergenz, Zusammenlaufen
convergency Konvergenz
convergent konvergent, zusammenlaufend
conversion IEEE Umwandlung, Wandlung
convert, to umwandeln
converter IEEE Konverter, Umsetzer, Umformer
convertible verwandelbar, umwandelbar
convey, to befördern, übertragen
conveyance Beförderung
conveyer IEEE (conveyor) Fördergerät
conveyor belt Transportband, Fliessband
cooker, electric Elektrohaushaltsherd
cool, to kühlen, abkühlen
coolant IEEE Kühlmittel, Kühlflüssigkeit
cooling IEEE Kühlung
co-operate, to zusammenarbeiten, mitwirken, mitarbeiten
co-operation Zusammenwirken, Zusammenarbeit
co-ordinate, to koordinieren

co-ordinate axis Koordinatenachse
co-ordination IEEE Koordinierung
copal Kopal, Kopalharz
copper, to verkupfern
copper Kupfer
copper losses IEEE Kupferverlust(e)
coppered verkupfert
coppering Verkupferung
copy, to kopieren, vervielfältigen
copy Kopie, Pause, Durchschlag
cord IEEE Schnur
cordless schnurlos
core IEEE Kern, Spaltraum
coreless IEEE kernlos
corner Ecke, Eckpunkt
cornered eckig
corona IEEE Korona
correct, to korrigieren, verbessern
correction IEEE Korrektur, Verbesserung, Ausbesserung, Richtigstellung
corrective verbessernd, korrigierend
correlation test IEEE Korrelationsprüfung; correlation = Wechselbeziehung
corresponding entsprechend
corrode, to korrodieren
corrosion IEEE Korrosion
corrosive korrodierend
corrugated gewellt
corrugated metal Wellblech
cost Kosten
cost increase index Kostensteigerungsindex
cost per unit Stückpreis
costing office Kalkulationsbüro
cotter, to versplinten
cotter Querkeil
cotton Baumwolle
cough, to zeitweise aussetzen (Motor)

count, to zählen
conter IEEE Zähler, Zählwerk, Schaltertisch
counterbalance, to Gegengewicht bilden, auswuchten
counterbore Flachsenker
counterbore, to flachsenken
counterclockwise gegen den Uhrzeigersinn
counter-electromotive force gegenelektromotorische Kraft (Gegen-EMK)
counterpoise IEEE Gegengewicht (Antenne)
countersunk bolt versenkter Bolzen
couple, to IEEE koppeln, kuppeln
coupler IEEE Koppler, Muffe
coupling IEEE Kupplung, Kopplung
course IEEE Kurs, Verlauf
cover, to verdecken, bedecken, zudecken
cover IEEE Kappe, Schutzhaube, Hülle
coverage Reichweite
crack, to platzen, aufspringen, rissig werden
crack Sprung, Riss, Knall, Krach
craft Handwerk
craftsman Handwerker
crane IEEE Kran
crank, to ankurbeln, anwerfen
crank Kurbel, Kröpfung
cranked gekröpft
crank shaft Kurbelwelle
crate, to verpacken (in Kratten)
cream solder Lötpaste
crease, to falten, kniffen
create, to hervorbringen, produzieren
creep, to kriechen, nacheilen

creepage IEEE Kriechstrom
crest value IEEE Spitzenwert
crevice Spalt, Riss
criterion Kriterium
crocodile clip Krokodilklemme
cross, to durchkreuzen, durchqueren
cross Kreuz
crossbar Querschiene, Querarm, Querstange
cross piece Kreuzstück
cross section Querschnitt
crossing Überquerung, Kreuzung
crosstalk IEEE Übersprechen Nebensprechen
crowd, to zusammendrängen
crucible Schmelztiegel
crumble, to zerbröckeln
crumple, to zerknittern
crush, to zerdrücken, brechen, zerquetschen
crust, to verkrusten
crust Kruste
cryogenic kryogen, kälteerzeugend
crystal IEEE Kristall
cube Würfel, Kubikzahl, dritte Potenz
cubicle Zelle, Kabine, (Schalt-)Feld
cup Napf, Schale
curdle, to gerinnen
curdle Gerinnen
cure, to Fehler beseitigen, beheben
cure Abhilfe
curing of defects Fehlerbeseitigung

curl, to Schlingen bilden, sich ringeln, rollen
curl Gussblase
curly bracket geschweifte Klammer
current IEEE Strom
current-carrying IEEE stromführend
curvature IEEE Krümmung, Kurvenform
curve, to sich krümmen
curve IEEE Kurve
curved gekrümmt, gebogen, krummlinig, geschweift
cushion, to auspolstern
cushion Kissen, Polster
cusp Spitze (Math.)
custom-make, to auf Bestellung machen
custom-made speziell hergestellt, auf Bestellung gemacht
customer Kunde, Auftraggeber
cut, to schneiden
cut Schnitt
cut-out Ausschnitt, Ausschalter
cutter Fräser
cybernetics Kybernetik
cycle, to periodisch wiederholen
cycle IEEE Zyklus
cycles per second Hertz (Hz)
cycling Durchlaufen
cylinder Zylinder, Trommel, Walze
cylindrical zylinderförmig, walzenförmig

D

dab, to betupfen
dam, to stauen
dam Staudamm, Wehr
damage, to beschädigen
damage Schaden, Beschädigung
damp, to dämpfen
damp feuchter Dunst, Dampf
dampen, to befeuchten
damper Dämpfer
damping IEEE Dämpfung
dampness Feuchtigkeit
danger Gefahr
dash, to stricheln
dash Strich
data IEEE Angaben, Daten
daub, to verschmieren
dazzle, to blenden
dazzling Blendung
d.c. (DC, dc) (direct current) Gleichstrom
dead IEEE spannungslos, verbraucht, tot
dead centre Totpunkt
de-aerate, to entlüften
deaf taub
debug, to IEEE Fehler beseitigen, entstören
debugging IEEE Fehlerbeseitigung
decay, to zerfallen
decay IEEE Verfall, Abfall
decelerate, to verlangsamen
deceleration IEEE Verlangsamung
deception Täuschung
decipher, to entziffern, entschlüsseln
decode, to IEEE dekodieren, entschlüsseln
decoder IEEE Dekodierer, Dekodiergerät
decompose, to zersetzen, zerfallen
decomposition IEEE Zerfall, Zerstreuung
decouple, to entkoppeln
decoupling IEEE Enkopplung
decrease, to abnehmen, sich vermindern, herabsetzen
decrease Abnahme, Verringerung, Verminderung
decree a standard, to eine Norm festlegen
decrement, to verringern
decrement Dekrement
deduce, to ableiten, herleiten (Formel)
deduct, to abziehen
deduction Ableitung, Folgerung
de-energise, to abschalten, ausser Spannung setzen, energielos machen
defect Defekt, Mangel, Schaden
defective defekt, schadhaft, fehlerhaft
defer, to verschieben, verzögern
definable definierbar
define, to definieren, eindeutig festlegen
definite abgegrenzt, bestimmt
deflagration explosionsartige Verbrennung
deflect, to umlenken, ablenken
deflection IEEE Umlenkung, Ablenkung
deflector IEEE Leitblech, Ableiter
deform, to deformieren

deformable verformbar
degas, to entgasen
degassing Entgasen
degauss, to entmagnetisieren
degaussing IEEE Entmagnetisierung
degaussing coil IEEE Entmagnetisierungsspule, -schleife
degrade, to herabsetzen
degree Grad
dehydrate, to Wasser entziehen
dehydration Wasserentziehung
deicer Enteisungsgerät
deion circuit-breaker IEEE Leistungsschalter mit magnetischer Bogenlöschung, Deionisationsschalter
delay, to verzögern
delay IEEE Verzögerung, Laufzeit
deliver, to liefern, abliefern, (Vortrag) halten
delivery Lieferung, Zustellung
delta connection IEEE Dreieckschaltung
demand factor IEEE Bedarfsfaktor
demand Bedarf
demesh, to ausrücken (Getriebe)
demijohn Korbflasche
demodulate, to demodulieren
demodulation IEEE -Entmodelung, Demodelung
demolish, to zertrümmern, zerstören
demolition Zerstörung, Zertrümmerung
demonstrate, to vorführen
demonstration Vorführung, Beweisführung
demount, to ausbauen (besser: dismantle)

demountable demontierbar
denotation Bezeichnung
dense dicht
density IEEE Dichte
dent, to einbeulen
dent Beule, Einbeulung
denude, to (Isolation) entfernen
depart from, to abweichen von
departure Abweichung, Abgang, Abfahrt
dependable verlässlich, betriebssicher, zuverlässig
dependence Abhängigkeit
dependent abhängig
depict, to bildlich darstellen
depletion Verarmung, Sperrschicht
deposit, to sich niederschlagen, ablagern, bilden
deposit Niederschlag
deposition IEEE Abscheidung, Niederschlag
depreciation allowance Abschreibungssatz
depress, to niederdrücken, herabdrücken
depression Tief, Depression
depth Tiefe
derail, to entgleisen
derating IEEE Lastminderung
derivable ableitbar
derivative IEEE Ableitung
derive, to ableiten, herleiten
derrick IEEE Ladebaum, Kran
descale, to entzundern
descend, to absteigen
describe, to beschreiben
description Beschreibung, Darstellung
descriptive geometry darstellende Geometrie

descriptive literature technische Unterlagen
design, to konstruieren, entwerfen
design IEEE Entwurf, Konstruktion, Bauart
designate, to bezeichnen, betiteln
designation Bezeichnung, Benennung
designer Konstrukteur
designing department Konstruktionsabteilung
desk Pult, Tisch
deslag, to entschlacken
despatch Absendung
de-spin system Stabilisierungssystem
destination Zielpunkt, Bestimmungsort
destroy, to zerstören, vernichten
destruction Zerstörung
detach, to lösen, entfernen, losmachen, abmachen
detachable abnehmbar, trennbar, lösbar
detail Einzelheit
detailed ausführlich
detailer Teilkonstrukteur
detect, to demodulieren, entdecken, auffinden
detection IEEE Demodulation Auffindung, Entdeckung
detector IEEE Demodulator, Detektor
detent Sperrglied
detention Sperrung
deteriorate, to verschlechtern
deterioration Verschlechterung
determinable feststellbar
determination Ermittlung, Bestimmung, Feststellung

determine, to bestimmen, ermitteln, feststellen
develop, to entwickeln
development Entwicklung
deviate, to abweichen
deviation IEEE Abweichung, Ablenkung
device IEEE Gerät, Vorrichtung, Apparat
diagram, to als Schema zeichnen
diagram IEEE Diagramm, Schema, graphische Darstellung
dial, to wählen (eine Nummer)
dial IEEE Wählscheibe, Skala, Zifferblatt
dialling Wählen
diameter Durchmesser
diamond Diamant
diaphragm IEEE Membran, Blende
die Gesenk, Matrize
die-cast Spritzgussstück
dielectric dielektrisch
dielectric transducer IEEE dielektrischer Wandler
differ, to sich unterscheiden, differieren, abweichen
difference Unterschied, Differenz, Abweichung
diffluent zerfliessend
diffuse, to zerlaufen, diffundieren
diffuse zerstreut, diffus
diffusion IEEE Zerstreuung, Diffusion
digit Ziffer, Stelle
digital IEEE digital, ziffermässig
dilatation Dehnung, Ausdehnung
dilate, to dehnen
dilute, to verdünnen
dilution Verdünnung
dim, to abblenden

dim lichtschwach, trübe
diminish, to verringern, vermindern, abschwächen
diminution Verminderung, Verkleinerung, Abnahme
dimmer IEEE Abblendregler, -schalter
dioxide Dioxid
dip, to tauchen, eintauchen
diplexer IEEE Frequenzweiche, Diplexer
dipstick Messstab zum Eintauchen
direct current IEEE Gleichstrom
direct access device Gerät mit direktem Zugriff
direction Führung, Steuerung, Richtung
direction finder IEEE Peiler, Peilgerät
direction finding Peilung, Peilen
directional gerichtet, richtungsempfindlich
directional radio IEEE Richtfunk
direction for use Gebrauchsanweisung
directivity IEEE Richtwirkung, Richtvermögen
directory Telephonbuch
disable, to unwirksam machen, abschalten
disabled unbrauchbar, abgeschaltet
disappear, to verschwinden, entweichen
disassemble, to zerlegen, auseinandernehmen, demontieren
disassembly Zerlegung, Demontage
disc Scheibe, Platte
disc-type alternator Generator mit Scheibenanker
discard, to löschen (Dat.)

discharge, to entladen
discharge IEEE Entladung, Stromentnahme, Abfluss
discharger Entladewiderstand
disconnect, to abtrennen, abschalten, abklemmen, Verbindung lösen
disconnecting link IEEE Trennlasche
disconnectiny switch IEEE Trennschalter
disconnection IEEE Trennung, Abschaltung, Ausrückung (Kupplung)
discontinue, to unterbrechen
discontinued nicht mehr gebaut (Bez. auf Datenblättern)
discontinuity IEEE Unstetigkeit, Diskontinuierlichkeit, Sprungstelle
discontinuous diskontinuierlich, unstetig
discover, to entdecken
discriminate, to unterscheiden, diskriminieren
discrimination IEEE Unterscheidung
discuss, to erörtern, besprechen, behandeln
discussion Erörterung, Besprechung
disengage, to lösen, entfernen, loskuppeln, ausrücken
disengaged frei, unbesetzt
disentangle, to entwirren
dish IEEE Parabolreflektor, Schale
dished schalenförmig
disintegrate, to (sich) zersetzen, auflösen, zerfallen
disintegration Zerfall, Zersetzung
dislocate, to verdrängen

dislocation Versetzung
dislodge, to verdrängen
dismantle, to demontieren, abbauen, auseinandernehmen
dismantling Demontage
dismember, to auseinandernehmen
dismount, to zerlegen, auseinandernehmen, ausbauen, demontieren
dismounting Demontage, Abmontierung
dispatch, to schicken, abfertigen
dispatch IEEE Beförderung, Abfertigung
disperse, to streuen, zerstreuen
dispersion Zerstreuung, Verteilung, Streuung, Dispersion
displace, to verdrängen, verrücken, verschieben
displaceable verschiebbar
displaced versetzt, verschoben
displacement IEEE Verdrängung, Verschiebung, Trennungsentschädigung
display, to darstellen
display IEEE Darstellung, Oszillogramm, Schirmbild
disposal plant Abfallbeseitigungsanlage
disruption Zerreissen
dissect, to zerlegen, zergliedern, aufgliedern
dissection Zergliedern, Zerlegung
dissimilar unähnlich
dissipate, to verbrauchen, verzichten, verzehren, vergeuden
dissipated heat IEEE Verlustwärme
dissipation IEEE Zerstreuung, Verbrauch, Vergeudung
dissipator Kühlkörper

dissociate, to zerfallen, dissoziieren
dissociation Zerfall, Aufspaltung, Dissoziation, Auflösung
dissoluble auflösbar
dissolution IEEE Auflösung
dissolve, to zergehen, sich auflösen
distant entlegen, weit, fern
distance Abstand, Entfernung, Distanz
distant reading Fernablesung
distil, to destillieren
distillate Destillat
distilling apparatus Destillierapparat
distinct deutlich, klar
distinction Unterscheidung
distinctive auffallend, charakteristisch
distort, to entstellen, verzerren
distortion IEEE Entstellung, Verzerrung
distress Notlage
distress at sea Seenot
distribute, to verteilen
distribution IEEE Verteilung
distribution panel IEEE Verteilertafel
distributor IEEE Verteiler
district Bereich, Distrikt
disturb, to stören
disturbance IEEE Störung
ditch, to notwassern
dive, to tauchen
diverge, to auseinandergehen, divergieren
divergence IEEE Divergenz
diversified vielfältig, verschiedenartig
diversity IEEE Mannigfaltigkeit, Verschiedenheit
divert, to umleiten, umlenken

divide, to teilen, unterteilen
divining rod Wünschelrute
divisibility Teilbarkeit
divisible teilbar, unterteilbar
division Teilung, Einteilung, Unterteilung, Abteilung
document IEEE Beleg, Dokument
dog Klaue, Mitnehmer (Masch.)
domain Bereich
dome Deckel
domestic appliances IEEE Haushaltgeräte
doped gedopt, angereichert
doping IEEE Dopen, Dotieren
dosage Dosis, Dosierung
dose, to dosieren
dose IEEE Dosis
dosed dosiert
dosing Dosierung
dot, to punktieren
dot Punkt, Fleck
double, to verdoppeln
double doppelt
double bridge IEEE Thomson-Brücke, Doppelbrücke
doubler IEEE Frequenzverdoppler
doubling Verdopplung
dovetail, to zinken
dovetail IEEE Schwalbenschwanz
dowel IEEE Dübel
dowelling IEEE Verdübelung
down tools, to Arbeit niederlegen
draft, to zeichnen
draft Zug, Entwurfsskizze, Tratte, Tiefgang
draftsman Zeichner
drag, to schleppen, ziehen, zerren
dragging Schleppen, Ziehen
drain (off), to entleeren
drain IEEE Ablauf, Abfluss, Ableitung

draining off Entleerung
draughtsman Zeichner
draw, to zeichnen, aufnehmen, abnehmen, ziehen
draw bolt Spannbolzen
dress, to nach(be)arbeiten
drier Trockenapparat
drift IEEE Drift, Abweichen, Weglaufen, Schlupf
drill, to bohren
drill Bohrer
drill gauge Bohrlehre
drill jig Bohrschablone
drip, to tropfen
drive, to fahren, führen, aussteuern
drive Antrieb, Trieb
driver IEEE Treiber, Mitnehmer
drop, to fallen, sinken, abnehmen
drop IEEE Fall, Tropfen, Abfall
droplet Tröpfchen
drum IEEE Trommel, Walze, Zylinder
dry, to trocknen
dry trocken
drying agent Trockenmittel
duct IEEE Kabelkanal, Kanal, Kanalzug, Dukt
dumbwaiter IEEE (kleiner) Lastaufzug (stummer Diener)
dummy IEEE Blind..., künstlich
duplex IEEE Duplex, Gegensprechverkehr, Duplexverkehr
duplexer IEEE Duplexer, Sende-Empfang-Schalter
duplicate, to vervielfältigen
duplicate Doppel, Kopie
duplicator Vervielfältiger
durability Haltbarkeit, Dauerfestigkeit

durable haltbar, widerstandsfähig, dauerhaft	**dyeing** Färbung
duration Dauer	**dying-out** Ausschwingen
durobronze Hartbronze	**dynamic range** IEEE Lautstärkeumfang, Aussteuerungsbereich
dust, to Staub abwischen	**dynamics** Dynamik
dust Staub	**dynamo** IEEE Dynamo
duty IEEE Betriebsart, Arbeitszyklus	**dynamometer** IEEE Dynamometer, Zugkraftgeber
dwindle, to schrumpfen	**dyne** IEEE Dyn
dye, to färben	
dye Farbstoff	

Further field tests at the Ministry of Progress, Pulham Down.

E

E-bend E-Krümmer, E-Bogen
E-coupling E-Kupplung
E-layer E-Schicht
ear Ohr, Zipfel, Öse
early stage Frühstadium
earnings card Lohnkarte
earth current IEEE Erdstrom
earth detector IEEE Erdschlussprüfer, Erdschlussanzeiger
earth return IEEE Erdrückleitung
earthed IEEE geerdet
earthenware Steingut
earthing IEEE Erdung
easing of work Arbeitserleichterung
ebonite Ebonit
ebulliometer Siedepunktmesser
ebullition Aufwallen
eccentric exzentrisch, Exzenter
echo, to nachhallen, widerhallen
echo IEEE Widerhall, Nachhall
echoing area Rückstrahlfläche
economical rationell, sparsam, wirtschaftlich
economy IEEE Wirtschaftlichkeit, Sparsamkeit
eddy Strudel, Wirbel
eddy current IEEE Wirbelstrom
edge Rand, Kante, Schneide
edgewise hochkant, hochkantig
educate, to ausbilden, schulen
education Ausbildung, Schulung
education film Lehrfilm
educational television Schulfernsehen
effect, to bewirken, erwirken, hervorrufen

effect IEEE Wirkung, Folge, Resultat
effective wirkungsvoll, wirksam
effectiveness Wirksamkeit, Leistungsfähigkeit
efficiency IEEE Leistungsvermögen, Wirkungsgrad
either-or circuit Oder-Oder-Schaltung
eject, to herausschleudern, auswerfen, ablegen
ejector pin Ausrückstift
elaborate, to ausarbeiten
elaborate aufwendig
elapse, to verstreichen (Zeit)
elastic elastisch, federnd
elasticity Elastizität, Federkraft
elbow Knie, Kniestück, Winkelstück
electric IEEE elektrisch
electrical IEEE elektrisch
electricity IEEE Elektrizität
electrified elektrisiert
electrification IEEE Elektrifizierung
electrify, to elektrifizieren, elektrisieren
electrodynamics Elektrodynamik
electrolysis IEEE Elektrolyse
electrolyte IEEE Elektrolyt
electrolyser Elektrolyseur
electromechanics Elektromechanik
electromotive IEEE elektromotorisch
electron beam Elektronenstrahl
electronic IEEE elektronisch
electronics IEEE Elektronik
electronogenic elektronenerzeugend
electrostatic IEEE elektrostatisch

elementary elementar
elevated railway Hochbahn
elevation Höhe, Erhöhung
elevator IEEE Höhenruder, Fahrstuhl
eliminate, to beseitigen, eliminieren
elimination Beseitigung, Elimination
ellipse Ellipse
elliptical IEEE ellipsenförmig, elliptisch
elongate, to verlängern, dehnen
embed, to einbetten, betten
embody, to enthalten
emboss, to erhaben ausarbeiten
embossed erhaben, plastisch
embrace, to umfassen
embrittlement Sprödewerden, Versprödung
emergency IEEE Notlage, Notfall, Notstand
emergency plant IEEE Notstromanlage
emery Schmirgel
emission IEEE Ausgabe, Strahlung, Emission
emissivity IEEE Emissionsvermögen
emitter IEEE Strahler, Emitter
emitting area Emissionsfläche
emphasis Betonung, Hervorhebung, Anhebung
emphasize, to betonen, hervorheben
empirical IEEE empirisch, erfahrungsmässig
employ, to anwenden, verwenden, gebrauchen, beschäftigen
employee Arbeitnehmer, Angestellte
employer Arbeitgeber
employment Benutzung, Gebrauch, Beschäftigung, Anstellung

empty, to leeren, entleeren
empty leer
emulsify, to emulgieren
emulsion Emulsion
enamel Emaille
enamelled wire Emailledraht
encapsulate, to einkapseln
encapsulation IEEE Kapselung, Einkapselung
encapsulated IEEE eingekapselt, gekapselt
encase, to mit einem Gehäuse versehen, einschliessen, einkapseln
encipher, to verschlüsseln
encircle, to umranden (Kreis)
enclosed umschlossen
enclosion Kapselung
enclosure IEEE Hülle, Kapsel, Einhüllung
encoder IEEE Kodierer, Kodiergerät
encrypt, to verschlüsseln
encryption Verschlüsselung
end IEEE Stirnfläche, Stirnseite, Ende
endurance strength Dauerfestigkeit
enduring dauerhaft, widerstandsfähig
energetics Energetik
energise, to Energie zuführen, (Relais) erregen
energisation Erregung, Erregen, Energiezuführung
energy IEEE Energie
enforce, to erzwingen
engage, to schalten, eingreifen
engaged eingreifend, belegt, besetzt
engaging lever Einrückhebel
engagement Eingriff, Einklinken

engine IEEE Motor, Triebwerk, Maschine
engineer Ingenieur
engineering Ingenieurwesen, Ingenieurwissenschaft, Technik
engrave, to gravieren
enhance, to steigern, vergrössern
enlarge, to erweitern, aufweiten, vergrössern
enlarged vergrössert
enlarger Vergrösserungsapparat
enlargement Vergrösserung, Erweiterung, Aufweitung
enlarging Vergrössern
enquire, to abfragen, anfragen
enquiry Abfrage, Rückfrage, Anfrage
enrich, to anreichern
enriched angereichert
enrichment Anreicherung
ensure, to sicherstellen, dafür sorgen
entangle, to sich verwickeln
enter, to eintreten, einlaufen, einfliessen
enterprise Unternehmen
entrance Einlass, Zugang
entrepreneur Unternehmer
entry Eintrag(ung), Eintritt
entwine, to verflechten
enumerate, to aufzählen
envelope, to einhüllen, umhüllen, einwickeln
envelope IEEE Hülle, Umhüllung, Umschlag
environment IEEE Umwelt
environmental IEEE Umwelt...
enwrap, to einwickeln
epoxy IEEE Epoxyd
equal gleich, gleichwertig
equality Gleichheit

equalisation Gleichmachen, Gleichmachung
equalise, to gleichmachen
equaliser IEEE Ausgleichsverbindung, Entzerrer
equalising IEEE Ausgleich, Entzerrung
equate, to gleichsetzen
equating Gleichsetzung
equation IEEE Gleichung
equilibrium Gleichgewicht
equip, to ausrüsten, einrichten, ausstatten
equipment IEEE Ausrüstung, Gerät(e), Einrichtung
equipped ausgerüstet
equivalent IEEE Äquivalent, äquivalent
erasable löschbar
erase, to löschen
erasing IEEE Löschen
erasure IEEE Irrung
erect, to errichten, aufstellen
erection IEEE Aufstellung, Errichtung
erg IEEE Erg
ergodic ergodisch
erosion Erosion
erratic sprunghaft
erroneous fehlerhaft
error Fehler, Irrtum
escalator Rolltreppe
escape, to entweichen, entströmen
escape IEEE Ausströmen, Entweichen
establish, to herstellen, errichten, festsetzen
establishment Errichtung, Herstellung, Festsetzung

estimate, to schätzen, veranschlagen, überschlagen, grob rechnen
estimate IEEE Abschätzung, Schätzung, Schätzwert, Voranschlag
estimation IEEE Schätzung
etch, to ätzen
etchant Ätzmittel
etching method Ätzmethode
ethane Äthan
ether Äther
ethyl Äthyl
ethylene Äthylen
evacuate, to evakuieren, entleeren
evacuation IEEE Evakuierung, Entleerung
evaluate, to auswerten
evaluation IEEE Auswertung
evaporant Verdampfungssubstanz
evaporate, to verdampfen, verdunsten
evaporation IEEE Verdampfung, Verdunstung
evaporator Verdampfer
even, to glätten
even number gerade Zahl
evenly distributed gleichmässig verteilt
evenness Glätte, Ebenheit
event Vorgang, Ereignis
events indicator Vorgangsanzeiger
evidence Beweis
evolution Entwicklung
evolve, to entwickeln
exact genau
examination Untersuchung, Prüfung
examine, to prüfen, untersuchen
examiner Prüfer
excavator Trockenbagger

exceed, to überschreiten, übersteigen
exceeding IEEE Überschreitung
excess IEEE Überschuss
exchange, to auswechseln, austauschen
exchange Auswechslung, Umtausch, Austausch
exchangeable IEEE auswechselbar, ersetzbar, austauschfähig
excitable erregbar
excitant Erregermasse (des Trockenelements)
excitation IEEE Erregung
excitation electrode Zündelektrode
excite, to erregen, anregen
exciter IEEE Erreger
exciter circuit IEEE Erregerkreis
exciting anode Zündanode
excursion Auslenkung, Auswanderung
execution time Ausführungszeit
executive leitender Angestellter, Chef, Leiter, Direktor
executive aircraft Geschäftsflugzeug
executive engineer etwa: Oberingenieur
exempt from duty zollfrei
exemption Ausschliessung, Befreiung
exercise, to üben
exercise Übung, Ausführung
exert, to ausüben, anstrengen
exertion Anspannung, Anstrengung
exfoliate, to abblättern, abplatzen
exfoliation IEEE Abblätterung, Abschieferung
exhalation Ausdünstung, Brodem
exhale, to ausdünsten, aushauchen
exhaust, to auslassen, ausblasen, abbauen, absaugen, entleeren, erschöpfen

exhaust Abdampf, Abgas, Auspuff, Abströmgas, Austritt
exhaust stroke Auslasshub
exhausted abgebaut, abgejagt, verbraucht, vergriffen
exhauster Entlüfter, Exhaustor, Sauggebläse, Saugventilator
exhaustion vollkommene Abtrennung, Aufspaltung, Entleerung, Erschöpfung
exhaustive eingehend, erschöpfend
exhibit, to aufweisen, ausstellen, zur Schau stellen, vorzeigen
exhibit Ausstellungsstück
exhibition Ausstellung, Darstellung, Schau
exhibitor Aussteller
exhort, to mahnen
exigency Anforderung, Bedarf, Erfordernis
exist, to bestehen
existence Bestand, Bestehen Vorhandensein, Existenz
existent, to be vorliegen
existing vorhanden
exit Ausgang, Auslass, Austritt
exoergic exoenergetic
exogenous nach aussen hin wachsend
exograph Röntgenbild
exorbitant übermässig, übertrieben
exothermal wärmeabgebend, wärmeliefernd
exothermic exotherm(isch), Wärme abgebend oder erzeugend
expand, to aufblähen, ausweiten, ausbreiten, ausdehnen
expansible ausdehnbar, dehnbar
expansion IEEE Aufblähung, Ausweitung, Ausbreitung, Ausdehnung
expansive ausdehnbar, expansiv
expatiate, to sich auslassen
expect, to abwarten, entgegensehen, erwarten
expectation value Erwartungswert
expediency Zweckmässigkeit
expedient Aushilfe, Ausweg, Behelf, Kunstgriff
expedite, to beschleunigen
expediting Versand
expel, to ausstossen, abtreiben, austreiben, herausspülen
expend, to aufwenden
expenditure Aufwand, Aufwendung, Ausgabe, Verbrauch
expense Abgabe, Ausgabe, Unkosten
expenses Aufwand, Auslagen, Kosten, Spesen
expensive kostbar, kostspielig, teuer
experience, to empfingen, erfahren
experience Erfahrung
experienced erfahren, geschäftskundig, routiniert
experiment, to experimentieren
experiment Erprobung, Versuch, Experiment
experimental experimentell, versuchsmässig
experimenter Forscher
expert Fachmann, Sachbearbeiter, Experte
expertness Geschicklichkeit
expiration Ablauf, Ablaufen, Erlöschen, Verfall
expiration date Fristablauf
expire, to ablaufen, erlöschen, ausatmen, verstreichen
explain, to erklären, deuten, klarmachen

explainable erklärlich
explanation Aufschluss, Auslegung, Deutung, Erklärung
explicit ausdrücklich, ausführlich, explizit
explodable explosibel, explodierbar
explode, to explodieren, bersten, detonieren
exploded view Darstellung in auseinandergezogener Anordnung
exploit, to ausbeuten, ausnutzen, auswerten, gewinnen
exploitable abbauwürdig, aufschliessbar
exploitation Abbau, Ausbeutung, Nutzung, Gewinnung
exploiter Ausbeuter
exploration Erforschung, Untersuchung, Abtastung, Schürfung
explore, to erforschen, untersuchen, abtasten, schürfen
explorer Entdecker, Erforscher, Taster
explosion Detonation, Explosion, Sprengung, Knall
explosion hazard IEEE Explosionsgefahr
explosion-proof explosionsgeschützt, explosionssicher
explosive Sprengstoff, explodierbar, explosiv
explosiveness Explosionsfähigkeit
exponent Exponent, Anzeiger, Potenz
exponential IEEE exponentiell, exponential
exporter Exporteur

export, to ausführen, exportieren
exports Aussenhandel, Exportartikel
expose, to aussetzen, auslegen, beschicken, entblössen, belichten
exposition Schaustellung
exposure Aussetzen, Aussetzung, Aufnahme, Belichtung
express, to ausdrücken, äussern
expression Ansatz, Ausdruck, Bezeichnung
expressions Formelausdrücke
expressive ausdrucksvoll
expropriate, to enteignen
expropriation Enteignung, Beschlagnahme
expulsion Ausstoss, Ausstossung, Ausweisung
expulsion fuse IEEE Löschrohrsicherung
expunged ausgestrichen
exquisite auserlesen
exsiccate, to austrocknen
exsiccation Austrocknung
extend, to ausbauen, ausbreiten, ausdehnen, auseinanderbiegen, ausfahren
extension Ansatz, Ausbau, Ausbreitung, Ausdehnung, Verlängerung, Zuwachs
extension cable Verlängerungskabel
extensive ausgedehnt, umfangreich, umfassend, vielseitig
extent Ausdehnung, Aushalten, Umfang
exterior äusserlich, Aussen ...
external IEEE aussenliegend, äusserlich
exterpolate, to extrapolieren
extinct ausgestorben, erloschen

extinction IEEE Auslöschung, Ablösung, Tilgung
extinguish, to auslöschen, zum Erlöschen bringen
extinguishing IEEE Löschung, Ablöschung
extort, to herauspressen
extract, to abreissen, abschneiden, ausfördern, ausscheiden, herausziehen
extract IEEE Auszug
extraction Gewinnung, Ausziehung
extractor Abziehvorrichtung
extradite, to ausliefern
extraordinary ausserordentlich, ungewöhnlich
extrapolate, to extrapolieren
extrapolation Extrapolation
extreme ausserordentlich, übermässig, übertrieben
extremity Ende, Endpunkt
extricate, to freimachen, losmachen, herauswickeln
extrinsic semiconductor IEEE Störhalbleiter
extrovert, to herausstülpen
extrude, to strangpressen, ausstossen, herauspressen
extruded heat sink stranggepresster Kühlkörper
extruder Strangpresse, Spritzmaschine
extrusion Aufdornen, Ausstossung, Strangpressen, Pressen
exudation Ausscheidung, Ausschwitzung
exude, to ausscheiden, ausschwitzen, sickern
ex works supplies Werkablieferungen
eye Auge, Loch, Öse, Öhr
eyebolt IEEE Augbolzen, Gewindeöse, Hebeauge, Ringschraube
eyepiece Lupe, Einblick, Okular
eyelet Anschlussöse, Ösenloch, Öhr

At the Nostalgia Department, Ministry of Progress, Pulham Down.

F

fabric Bespannstoff, Erzeugnis, Tuch
fabricate, to fabrizieren, verarbeiten
fabricating operation Fabrikationsvorgang
fabrication Fabrikation, Fertigung
fabrication spread Herstellungstoleranzbereich
face, to abfasen, abflachen, planen
face Front, Fläche, Kranz
face-plate IEEE Frontplatte, Planscheibe
facet Abschrägung, Schrägung, Seitenfläche
facilitate, to erleichtern
facilities Einrichtungen, Erleichterungen
facility Einrichtung, Erleichterung
facing Aufschlag, Belagring, Fräsen, Planfräsen, Schlichten
facings Plandrehspäne
facsimile IEEE Bildtelegraphie, Fernphotographie
factoral function Fakultät
factory Betrieb, Fabrik
facts Daten
factual tatsächlich
factual report Tatbestandaufnahme
faculty Fakultät
fade, to erblassen, verbleichen, verschwinden
fader Mischer, Lautstärkeregler, Überblender
fadings IEEE Lautstärkeschwankungen, Überblendung
fail, to aussetzen, fehlgehen, misslingen, versagen
fail-safe ausfallsicher, störungssicher
failure IEEE Ausfall, Aussetzen, Aussetzer, Misserfolg, Versagen
faint, to abbauen, ohnmächtig werden
faintness Schwäche
fair Mustermesse, Ausstellung
fairing Füllstück, Umkleidung
fairlead Halterung
fake echo Täuschecho
fallacious argument Trugschluss
fallacy Trugschluss
fallow fahl
false falsch, irrig, nachgemacht
falsification Fälschung
falsify, to fälschen
falter, to stocken
familiar vertraulich, vertraut
familiarise, to vertraut machen
fan, to belüften, anblasen, fächerförmig ausbreiten
fan IEEE Gebläse, Lüfter, Ventilator, Fächer
fanned beam antenna Fächerstrahlantenne
fast access storage IEEE Schnellspeicher
fasten, to anheften, anschrauben, befestigen, festmachen
fastener Befestigungselement, Halter
fastening Befestigung, Verschluss, Anknüpfung
fastidious anspruchsvoll, wählerisch
fathom, to eine Tiefe abmessen, ergründen
fathom Faden, Fadon, Klafter
fatigue, to altern, ermüden

fatigue IEEE Abschwächung, Erlahmung, Ermüdung
fatigue bend test Dauerbiegeversuch
fatigue test Dauerprüfung
faucet Hahn, Absperrvorrichtung, Zapfen
fault IEEE Fehler, Störung, Störstelle, Sprung
faultless fehlerfrei, tadellos
faultsman Entstörer, Störungssucher
faulty fehlerhaft, gestört, mangelhaft, rissig, schadhaft
favour, to begünstigen, bevorzugen, fördern, unterstützen
favour Gefälligkeit, Vergünstigung
fawn fahl
fay, to zum Fluchten bringen
faying surface Dichtungsfläche, anpassende Oberfläche
feasability Ausführbarkeit, Durchführbarkeit
feasible durchführbar, ausführbar
feat of endurance Dauerleistung
feather Feder (für Keilnut), Federkeil
feathering Schlingern (bei Turbinenschaufeln)
feature Besonderheit, Gesichtspunkt, Hauptartikel
fee Abgabe, Gebühr, Honorar
feeble dünn, matt, schwach
feed, to speisen, beschicken, beliefern, Vorschub geben, zuführen
feed IEEE Einspeisung, Beschickung, Förderung, Vorschub, Zufluss
feedback Rückführung, Rückkopplung, Rückwirkung
feeder IEEE Speiseleitung, Füllvorrichtung, Abzweig, Vorschubeinrichtung
feeler IEEE Fühllehre, Taster
feldspathic feldspathaltig
felly Felge
felt Filz, Pappe
felted verfilzt
ferment, to fermentieren, aufgehen, treiben
fender Schutzkappe
ferment Ferment, Gärstoff
ferric eisenhaltig
ferrite IEEE Ferrit
ferrous eisenhaltig, eisern
ferrule IEEE Ring, Kapsel
ferry, to überführen
ferry Fähre
fertile ergiebig, fett, fruchtbar
fertility Ausgiebigkeit, Ergiebigkeit
fertilise, to düngen
fertiliser Düngmittel, Dünger
festoon Gehänge
fibre (fiber) IEEE Faser, Fiber
fibery faserig
fibrous fadenförmig, faserförmig, fibrös
fidelity IEEE Genauigkeit (Treue der Wiedergabe)
field IEEE Fach, Gebiet
figurative bildlich
figure, to beziffern, in Zahlen angeben, abbilden, darstellen
figure Abbildung, Bild, Figur, Form, Zahl, Ziffer
figures Beziffern, Werte
filament IEEE Draht, Glühfaden, Leuchtdraht
filamentary drahtförmig, fadenförmig
file, to ablegen, einordnen, registrieren, feilen
file Ablage, Bündel, Ordner, Feile

files, in gliederweise
fileting Ebnen
filigree Drahtarbeit
filing Anmeldung, Zustellung
filings Feilspäne, Feilstaub
fill, to auffüllen, aufschütten, beladen, strecken
filler IEEE Einlage, Formstück, Fördermann, Füller
filling Auffüllen, Anfüllung, Füllung
fillister Falzhobel
film, to beschlagen, filmen, überziehen
film IEEE Schicht, Überzug, Anstrichfilm
filth Dreck, Kot, Schmutz
filthy schmutzig
filtrate, to durchfiltern
filtrate Filtrat
fin Flosse, Grat, Finne, Bart
find Fund
finder Sucher, Finder
finding Bestimmen, Suchen
findings Ermittlungen, Befunde
fine Strafe
fine adjustment IEEE Feineinstellung
fined iron Frischfeuereisen
fineness Feinheit, Feingehalt
fines Abrieb, Feinschlag
fining Frischen
finish, to aufarbeiten, bearbeiten, beendigen, glätten, schlichten
finish IEEE Anstrich, Bearbeitung, Politur, Ende
finisher Ausrüster, Polierwalze
finite begrenzt, endlich
finiteness Endlichkeit
finned gerippt
fins cast integral angegossene Rippen

fire, to feuern, zünden
firebox Brennkammer, Feuerbüchse, Feuerraum
fire-brick Schamottestein, Brandziegel
fire-clay Schamotte, Feuerton
fire department Feuerwehr
fire-fighting Brandbekämpfung
fire retardent feuerhemmend
firm dicht, derb, fest, stabil
fiscal year Rechnungs-, Berichtsjahr
fishplate, to verlaschen
fishplate Knotenblech, Fischplatte, Stossblech
fission Spaltung
fissionable spaltbar
fissure Bruch, Naht, Sprung
fit, to anpassen, anbringen, aufmontieren, zurichten, zusammensetzen
fit Sitz, Passung
fitness Brauchbarkeit, Eignung
fitter Monteur, Maschinenschlosser, Rüster
fittings Apparatur, Fittings, Garnitur, Zubehör, Beschlagteile
fix, to befestigen, einsetzen, bestimmen, abgrenzen
fix IEEE Beizen, Festpunkt, Standortbestimmung
fixable feststellbar
fixture Aufsatz, Vorrichtung
flabby schlaff, lappig
flag IEEE Fahne, Flagge, Fliese
flagged floor Fliesboden
flake, to abblättern
flammability Feuergefährlichkeit
flammable entflammbar, entzündlich
flange, to anflanschen, bördeln

flange Flansch, Bördel, Gurtung
flank, to umgehen, begrenzen, flankieren
flank Flanke, Schenkel, Ende
flapper Prallplatte
flapping Schlagen
flash, to blinken, flackern, auflodern, schiessen
flash Aufblitzen, Blitz, Flackern
flashlight IEEE Taschenlampe, Blitzlicht
flashover Funkenüberschlag
flashings Abweisbleche
flask Flasche, Fläschchen, Kastengussform
flat Reifenpanne, Schwimmer, Anflächung
flat flach, eben, platt
flatness Flachung, Ebenheit
flats Flacheisen
flatten, to abflachen, abplatten, ebnen, strecken, flachschlagen
flattening Abflachung, Abplatten, Dämpfung
flaw Riss, Blase, Flinse, Sprung
flaw in casting Gussfehler
flawless fehlerlos, rissfrei, tadellos
flection Biegung
fleece roller Aufroller
fleeting action Momentbetätigung
flex, to biegen
flexible biegsam, elastisch, anpassungsfähig
flexural fatigue strength Biegungsdauerschwingfestigkeit
flexure Abbiegung, Beugung, Biegebeanspruchung
flicker, to flackern, flimmern, blinken
flickerless flimmerfrei

flight Flug, Flucht
fling, to schlenkern, schleudern
fling Schleudern
flint Kiesel, Flint(stein)
flintiness Glasigkeit
flinty kieselartig, kieselig
flip coil Feldinduktionsspule
flip-flop circuit IEEE Flip-Flop-Schaltung, binäre Zählstufe
flitch plate Verstärkungslasche
float, to schwimmen, aufschwemmen, (Batterie) puffern, schweben
float Floss, Schwimmkörper
floating controller Integralregler
floatability Schwimmfähigkeit
floatable flössbar, flotierbar
floater Pegel, Schwimmer
flocculate, to flocken, flockig machen
flock, to strömen, zulaufen
flood, to anstauen, überfluten, überschwemmen
flood Flut, Hochwasser
floodlight, to anstrahlen
floodlight IEEE Flutleuchte, Flutlicht, Tiefstrahler
floor Boden, Arbeitsbühne, Stockwerk
flooring Fussboden, Belag
flow, to fliessen, strömen, laufen
flow Ausfluss, Ausströmung, Fluss
flowmeter Durchfluss-, Durchlauf-Mengenmesser
flowing Fliessen, Verlauf
fluctuate, to fluktuieren, schwanken, streuen
fluctuation Fluktuation, Schwankung
flue Feuerkanal, Feuerrohr, Flammenrohr, Ofenzug

flue boiler Flammrohrkessel
flue dust Flugasche
fluid Flüssigkeit, Fluidum
fluidify, to flüssig machen
fluke Ausräumer, Klaue, Schaufel
fluoresce, to fluoreszieren
fluorescence IEEE Fluoreszenz
fluorescent lamp IEEE Leuchtstoffröhre
fluoride Fluorid, Fluorsalz
fluorine Fluor
fluorite Fluorkalzium, Flussspat
flush, to bündig machen, bündig abschneiden
flush Baufluchtlinie, bündig, glatt, in gleicher Ebene
flush pin gauge Tiefenlehre
flushing Ausspülen, Wasserspülung
flute cutter Gewindenutenfräser
fluted ausgekehlt, genutet, gerillt
flutter, to schwanken, flattern, vibrieren
flutter Flattern, Vibrieren, Zittern
flux IEEE Fluss, Kraftströmung (el.), Magnetfluss
fluxing Flussmittel
fluxmeter IEEE Fluxmeter, Flussmesser
fly, to schiessen lassen, fliegen
fly ash Flugasche
fly-wheel Schwungrad
foam, to schäumen
foam Schaum
foamer Schaumbildner
foci (Pl.) Brennpunkte
focus, to scharf einstellen, in den Brennpunkt stellen
focus IEEE Brennpunkt, Fokus
focussing Einstellung, Bündelung

fog, to sich verschmieren, verschleiern, anlaufen
foil Blatt, Blattmetall, Folie
fold, to falten, falzen, knicken
fold Falte, Biegewulst
foldable faltbar, zusammenklappbar
folder Broschüre, Faltprospekt, Bördelmaschine
folio Blatt, Kolumnenziffer
follow, to folgen, nacheilen, sich anhängen
follow-up Rückführung
follower Anhänger, Mitnehmer, Gewindebacke
foment, to blähen
foment action Blähung
foolprof narrensicher, betriebssicher
foot Fuss, Unterteil
foot-operated fussgeschaltet
force, to treiben, zwingen, forcieren
force Kraft, Energie, Gewalt
forced air cooling IEEE Gebläsekühlung
forceful gewaltsam
forceps Kluppzange, Pinzette, Zange
forcible heftig, kräftig
forecast, to vorhersagen
forecast Prognose, Vorhersage
forecastle Back, Vordeck
foreman Vorarbeiter, Werkmeister, Bauführer
foreshorten, to perspektivisch zeichnen
forfeit, to aufgeben, einbüssen
forge, to schmieden
forge Schmiede
forgeable schmiedbar
forger Fälscher
forgery Fälschung
fork, to sich gabeln

fork Gabel, Maulschlüssel
form, to bilden, formen
formed gestaltet
former Bildner, Gestalter, Formblock
former's tools Formerwerkzeug
formless formlos
form of joints Stossverbindungsart
formula Formel
forward, to befördern, transportieren, zustellen
forward vorn, voraus, vorwärts
forwarder Transporteur
forwarding agent Transportmakler
foul, to verschmutzen, verschleimen
found, to giessen, gründen
foundation Fundament, Gründung
founder, to scheitern
founder Gründer, Giesser, Schmelzarbeiter
founding Giessereiwesen, Abguss, Guss
foundry Giesserei
fount Guss
fountain Brunnen, Fontäne
fraction Bruch
fractional gebrochen, Bruch...
fractionise, to brechen
fractions Bruchziffern
fracture, to brechen, zerbrechen
fractured brüchig
fracturing Zerstückelung
fragile brechbar, zerbrechlich, brüchig
fragment Bruchteil, Brocken, Stück
fragments (Pl.) Bruchstücke, Trümmer
frail morsch, hinfällig
frame, to einfassen, umrahmen
frame IEEE Rahmen, Gestell, Ständer, Gehäuse

frangible brechbar
fray, to abfasern, sich abnutzen
freak value Zufallswert
free-wheel ungebremst, Walzenfreilauf
free-wheeling Freilauf, freilaufend
freeze, to gefrieren, frieren
freeze Frieren
freezer Eismaschine
frequency IEEE Frequenz
frequent, to frequentieren
frequent häufig, vielfach
fret, to durch Reibung abnutzen
fret Abnutzung durch Reibung
friable bröckelig, brüchig
friction Reibung
friction coupling IEEE Reibungskupplung
friction clutch Reibungskupplung
frictionless reibungslos
frigid kalt
frill, to kräuseln
fringe Franse, Streifen, Saum
frit, to fritten, schmelzen, sintern
frit Fritte, Glasmasse
front-end Stirnseite
frontier Grenze, Grenzgebiet
frost, to gefrieren, mattieren
froth, to gären, aufschäumen
frustum Kegelstumpf
frying Knallgeräusche, Prasseln
fuel, to Brennstoff tanken
fuel Benzin, Kraftstoff, Betriebsstoff
fuel-pump Brennstoffpumpe
fueling Tanken
fulcrum, to schwenken, anlenken
fulcrum Drehpunkt, Hebelpunkt
full-scale massstäblich
full-wave rectifier IEEE Einweggleichrichter

fulminate, to unter Knall und Feuererscheinung explodieren, blitzen und donnern
fumble, to fummeln, herumkramen
fume, to dämpfen, rauchen
fume Abgas, Dunst, Rauch
fumers Brodem, Dämpfe
function, to funktionieren, arbeiten
function Funktion, Gang
functional funktionell, betrieblich
functioning Funktionieren, Arbeiten
fund Grundstock, Kapital
funds Fond
fungicide Konservierungsmittel
funicular Berg- und Talbahn
funnel Schornstein
fur Kesselstein
furbish, to abschleifen, polieren
furlough Urlaub
furnace Brennofen, Feuerungsanlage

furnish, to ausfüllen, liefern, versehen
furrow, to riffeln, durchfurchen
furrow Furche, Nute, Rille
further, to fördern
furtherance Vorschub
furthering Förderung
fuse, to durchbrennen (Sicherung), aufschmelzen, aufschweissen
fuse IEEE Sicherung, Brennzünder, Lunte
fuselage Flugzeugrumpf
fusetron Elektronensicherung
fusible schmelzbar, Schmelzsicherung
fusing IEEE Abschmelzen, Ansprechen, Durchbrechen
fusion Anschluss, Bindung
fuzz Flaum, Franse
fuzz, to abfasern

Ministry of Progress, Pulham Down. Incorrect data fed into the system are rectified by our resource scheduler.
(New Scientist, London)

G

gag Knebel
gag press Richtpresse
gain, to gewinnen, erzielen, verstärken
gain IEEE Ausbeute, Gewinn, Pegel, Verstärkung
gainfully employed erwerbstätig
gale Sturmwind, Kühle
gall, to durch Reibung abnutzen, beschädigen
gall Abnutzung durch Reibung
galleries Förderstollen
gallery Bühne, Galerie, Stollen
gallon Gallone
galvanic galvanisch
galvanism Galvanismus
galvanisation IEEE Galvanisierung, Verzinkung
galvanise, to galvanisieren, verzinken
galvanometer IEEE Galvanometer, Strommesser
gangway Durchgang, Laufbrücke
gantry Bockkran, Krangerüst
gap Fuge, Lücke, Leerstelle
gape, to klaffen
garage, to Fahrzeuge unterstellen
garbage Müll, Schund
garble Fremdstörung, Verstümmelung
garnet Granat
garnish, to ausstaffieren
garniture Beschlag, Garnitur
gas-tight IEEE gasdicht
gaseous gasartig, gasförmig
gash, to mit Einschnitten versehen
gasification Gasbildung, -erzeugung
gasket Dichtring, Packung, Abdichtung
gasket board Dichtungspappe
gasoline Benzin, Gasolin, Leichtbenzin
gassy gasführend
gate, to austasten, einblenden, abblenden
gate IEEE Tor, Eingussstelle, Ablaufpunkt, Gatter
gate valve Absperrschieber
gather, to sammeln, entwickeln, auflesen
gathering Versammlung, Zubrand
gauge, to abmessen, eichen, zurichten
gauge IEEE Kaliber, Lehre, Spurweite, Stichmass
gauging Abtasten, Eichung, Messung, Normierung
gear, to eingreifen, verzahnen, mit Getriebe versehen
gear Gang, Gerät, Getriebe, Verzahnung
gear-box Getriebe-, Räderkasten
geared verzahnt, übersetzt
gears Getrieberäder, Räderwerk
gem Edelstein
general-purpose Allzweck ...
generate, to erzeugen, abgeben, entwickeln
generation Erzeugung, Entwicklung, Ausscheidung
generator IEEE Generator, Dynamo
genuine echt, gediegen, wirklich
genuineness Echtheit
geodesy Geodäsie, Vermessungskunde

geognosy geognostische Wissenschaften, Gesteinskunde
geologist Geologe
geology Geologie
geomagnetic field erdmagnetisches Feld
geometric geometrisch
geometrician Geometer
geometry IEEE Geometrie
geophysics Geophysik
geothermal geothermisch
getaway speed Abfluggeschwindigkeit
getter Fangstoff, Füllung
geyser Geiser, Geyser
ghost IEEE Doppelbild, Achterleitung
gib Beilagekeil, Führungslineal
gibs Leisten
gild, to vergolden
gilding Vergoldung
gill (Kühl-)Rippe
gilt vergoldet
gimbal Kardanrahmen, Tragbügel
gimlet Bohrer, Vorbohrer
gin, to entkörnen
giratory breaker Walzenbrecher
gird, to gürten
girder Balken, Träger
girdle, to gürten
girdle Gurt
git Eingusstrichter
given value Sollwert
glacial Eis..., eisig
gland Kappe, Stopfbüchse
glare IEEE Blendung, Überstrahlung
glassed-in verglast
gleam, to leuchten
gleam Schimmer

glimmer, to flimmern
global communication network Weltverkehrsnetz
globe Ball, Globus, Glocke, Kugel
globose kugelförmig, kugelig
gloss Glanz, Glasur
glossary Nomenklatur, Spezialwörterbuch
glow, to glimmen, glühen, aufleuchten
glow IEEE Glühen, Glimmen, Schein
glow-lamp IEEE Glimmlampe, Gasentladungsröhre
glue, to kitten, kleben, leimen
glue Leim, Kleister
glycerin Glyzerin
gnarled knotig
goal Ziel, Zielpunkt
gobo Blendenschirm, Schalltilgungsmittel
goliath crane Schwerlastkran
goniometer IEEE Peiler, Winkelmesser
goodness Arbeitssteilheit (Röhre)
goods Artikel, Werkstoff, Güter
goods traffic Güterverkehr
gooseneck Anschlussstück, Schwanenhals
gorge Kehle, Rinne, Schlucht
govern, to herrschen, leiten, regeln, regulieren
governing Kontrolle
governor IEEE Drehzahl-, Geschwindigkeitsregler, Regulator
grab Greifer, Exkavator
grace Frist, Fristverlängerung
gradation Abstimmbarkeit, Abstufung, Grad, Stufenfolge

grade, to abstufen, einteilen, sortieren
grade Grad, Klasse, Marke
grader Planierer, Sortierer, Trenner
gradient IEEE Anstieg, Gefälle, schiefe Ebene
grading Anreicherung, Klassifizierung, Einteilung, Sortierung
gradual stufenartig, fortschreitend
gradually stufenweise, allmählich, absatzweise
graduate, to abstufen, einteilen
graduate Absolvent
Graetz rectifier Graetz-Schaltung
grain Faden, Faser, Faserung, Kern, Korn
graining Kornbildung, Maserung
gram Gramm
granite Granit
grant, to bewilligen, erteilen gewähren, zusprechen
grant Beihilfe, Beisteuer, Bewilligung
grant-in-aid Hilfeleistung, Zuschuss, Subvention
granted erteilt
grantee Patentinhaber
granting a license Erteilung einer Konzession
granular gekörnt, körnig
granulate, to aufrauhen, granulieren, körnen
granulation Kornbildung, Granulierung
graph, to grafisch darstellen
graph grafische Darstellung, Diagramm, Schaubild
graph paper Millimeterpapier, Koordinatenpapier

graphic symbol IEEE grafisches Symbol, Schaltzeichen
graphic arts Grafik
graphical grafisch, bildlich
graphite Graphit
grapple, to anklammern, dreggen
grappling Verankerung, Dreggen
grasp, to anfassen, begreifen, fassen, greifen
grasp Griff, Klaue
grate, to gittern, kratzen, reiben, schaben
grate Feuerrost, Fangrechen, Netz
grater Raspel, Reibe
graticule IEEE Fadenkreuz
grating IEEE Raster
gravel, to aufschottern
gravel Flusskies, Kiessand, Schotter
gravitate, to sinken, sich durch Schwerkraft fortbewegen
gravity Erdenschwere, Schwerkraft
graze, to bestreichen, streifen
grease, to fetten, ölen, schmieren
grease Fett, Talg
greaser Schmiervorrichtung
greasy fettig, ölig, speckig
greedy gierig, gefrässig
grid IEEE Gitter, Rost, Reuse, Netz
grind, to schleifen, reiben, zermahlen
grind Schleifen, Mahlen
grinder Schleifmaschine, Mahlstein, Mühle
grindery Schleiferei
grinds Schleifschlamm
grip Greifer, Griff, Greifklaue
grip, to fassen, klemmen, packen
gripper Greifer, Halter, Mitnehmer
gripping-device Einspannvorrichtung, Greifwerkzeug

grommet Durchführungshülse, Öse, Auge
groom, to putzen
groove, to aushöhlen, auskehlen, kerben
groove IEEE Aushöhlung, Aussparung, Auskehlung
ground, to erden, an Erde legen, kurzschliessen
ground IEEE Erde, Boden
grounding IEEE Erdung
group, to gruppieren, in Gruppen zusammenfassen, anordnen
group Gruppe, Konzern, Konsortium
group board Bauelementleiste
grout IEEE Vergussmaterial, Mörtelschlamm

guidance IEEE Führung, Anleitung, Richtschnur
guide, to anleiten, führen, lenken
guide-beam IEEE Leitstrahl
gullet Rinne, Nische
gum, to aufkleben
gum Harz
gun Kanone, Geschütz
gusset Eckblech, Anschluss
guttapercha Guttapercha
gyrate, to sich schnell drehen, kreisen, umlaufen
gyration Drehung, Wirbel
gyro Kreisel, Drehung
gyroscope Kreisel, Gyroskop
gyro compass IEEE Kreiselkompass

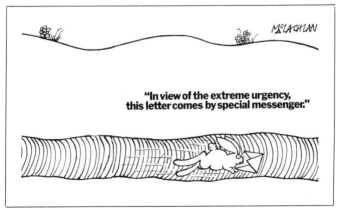

A telecommunications field test at the Ministry of Progress, Pulham Down.

H

hair copper wires Kupferhaarlitzen
hair pointer Fadenzeiger
halogen Salzbildner
halve, to halbieren, hälften
hamper Korb
hand Zeiger, Hand, Arbeiter
hand-feed Handvorschub
handset IEEE Handapparat
handed in eingereicht
handicraft Gewerbe, Handwerk
handle, to handhaben, behandeln, abwickeln
handle Griff, Klinke, Henkel
handling Bearbeitung, Handhabung
handy handlich
hangers Gehänge
hang Strang, Strähne
harass, to stören, bedrängen
hard-alloy grinder (Horizontal-)Schleifständer
harden, to härten, verfestigen
hardening agent Härtungsmittel
hardness Härte, Festigkeit
hardware Beschlag, Eisenwaren
harm, to schaden
harm Schaden
H armature Doppel-T-Anker
harmonic IEEE Oberschwingung, harmonische Oberwelle
harmonics IEEE Harmonische
harmonise, to übereinstimmen, abstimmen
harness Kabelsatz
harp antenna Fächerantenne
hartley circuit Dreipunktschaltung (Röhre)

harvester Erntemaschine, Selbstbinder, Mäher
hasp Drehriegel, Haspe
hatch, to schraffieren, stricheln
hatch Luke, Klappe, Gatter
hatchet Hacke, Beil
haul, to schleppen, befördern, fördern
haulage Förderung, Transport, Treideln, Ziehen
hauler Schlepper
hawse hole Klüse
hawse pipe Ankerklüse
hawser Festmachetau, Tau, Halteleine
hazard, to riskieren, aufs Spiel setzen
hazard IEEE Gefahr, Risiko
hazardous riskant, gefährlich, gewagt
haze, to anlaufen
haze Dunst, Nebel, diesiges Wetter
hazy dunstig, unscharf, diesig
H bend H-Bogen
H corner H-Winkel
head Boden, Abschluss, Kopf, Kopfstück
headlamp IEEE Scheinwerfer
headlight Fernlicht, Scheinwerfer
headrace Fallwasser, Speisekanal
headstock Reitstock, Spindelbacken, Spindelkasten
headway lichte Höhe, Vortriebsstollen
heap, to häufeln
heap Haufen, Stapel, Stoss
hearing Vernehmung, Gehör, Audienz

hearings mündliches Verfahren
hearth Erhitzungskammer, Feuerraum, Schmelzraum
heat, to anwärmen, heizen, feuern
heat Hitze, Wärme, Charge
heat exchanger IEEE Wärmetauscher
heat-resisting hitze-, wärmebeständig
heat-treating Vergüten, Wärmebehandlung
heater IEEE Erhitzer, Heizapparat
heater-plug Glühkerze
heating Erwärmung, Erhitzung
heave, to hieven, heben
heave Hebung, Aufwindung
heaving Hebung
Heaviside effect IEEE Stromverdrängung
heavy-duty Hochleistungs…, Schwerlast…
heel, to krängen
heel over, to kentern
heeling Krängung
height Erhebung, Grösse, Höhe
helical schnecken-, spiralschraubenförmig
helically toothed wheel Rad mit Schrägverzahnung
helipot IEEE Wendelpotentiometer
helix Kehrwendel, Schnecke
Hell printer Hellschreiber
helm Helm, Ruder(pinne)
helpful hint Kniff
hem, to besäumen, einfassen
hem Rand, Saum
hemicycle Halbkreis
hemisphere Erdhalbkugel
hemming machine Saummaschine
hemp Hanf, Hede

heptode IEEE Hepthode, Siebenpolröhre
hermetic dicht, hermetisch, luftdicht
Hertz effect fotoelektrische Wirkung
heterodyne IEEE Überlagerer, Überlagerungs…
hew, to abschroten, abschruppen, hacken
hew Abhieb
hex nut Sechskantmutter
high-performance Hochleistungs…
high-pressure Hochdruck…
high voltage IEEE Hochspannung
hi-lo-check Hoch-Niedrig-Prüfung
hinge, to drehbar anbringen, mit Scharnier versehen
hinged aufklappbar, schwenkbar, mit Scharnieren versehen
hiss, to fauchen, zischen
hit, to (auf)schlagen, treffen, stossen
hit Aufschlag, Treffer, Schlag, Stoss
hitch, to anhaken, einhaken, anspannen
H-network H-Filterglied
hoarse rauh, heiser
hob, to (ab)wälzen, wälzfräsen, verzahnen
hob Abwälz-, Gewindefräser
hobbing Fräsen nach Abwälzverfahren
hoist, to aufziehen, anheben
hoist IEEE Aufzug, Flaschenzug, Lift
hold, Griff, Laderaum (Schiff)
hold button Haltetaste
holder Halter, Besitzer
hole, to aushöhlen, ausschrämmen, ein Loch herstellen
hole Loch, Bohrung, Höhle
hollow, to aushöhlen, vertiefen

hollow Aushöhlung, Aussparung	**hover, to** kreisen, schweben
homogeneous homogen, einheitlich	**hub** IEEE Narbe, Lagerbüchse, Knotenpunkt
homopolar IEEE Gleichpol…, gleichpolig	**hue** Färbung, Farbton
hone, to honen, ziehschleifen	**hueless** farblos
honing Honen, Ziehschleifen, Abziehen	**hull** Bootskörper, -rumpf, Hülle
hood Haube, Kappe, Abzug	**humid** dampfhaltig, feucht
hook, to abbiegen, anhaken, einhaken	**humidifier** Luftbefeuchtungsanlage
hook Haken, Henkel, Öse	**hump, to** krümmen
hopper Behälter, Füllgefäss	**hunting** IEEE Bildverschiebung, Pendelschwingung, Nachlaufen
horizon Horizont	**hurt, to** schaden, verletzen
horn Arm, Horn, Hebel	**hydrocarbon** Kohlenwasserstoff
horn aerial IEEE Hornantenne	**hydroelectric** hydroelektrisch
horn welding Hammerschweissung	**hydrofoil** Tragflügel(boot)
horse Anlegetisch, Auflagebock	**hydrogen** Wasserstoff
horse-power Pferdestärke	**hydrometer** Aerometer, Dichtigkeitsmesser, Dichtemesser
hose Schlauch	**hydrous** wasserhaltig, wässerig
hot-wire ammeter IEEE Hitzdrahtamperemeter	**hygrometer** Feuchtemesser
house, to unterbringen	**hyperbola** Hyperbel
housed eingeschlossen	**hyphen** Bindestrich
housing IEEE Gehäuse, Unterbringung	**hygroscopic** wasseraufnehmend

"Your driving licence has run out."
(Punch, London)

I

I beam Doppel-T-Träger
identify, to feststellen, identifizieren
identity Identität
idle, to run leerlaufen
idle frei, träge, untätig
idler Führungsrolle (Förderanlage)
idlers Riemenspanner, Tragrollen
I girder Doppel-T-Träger
ignitable zündbar, zündfähig
ignite, to (an)zünden, entzünden
igniter Anzünder
ignition IEEE Entzündung, Zündung
ignore Auslasszeichen, Leerzeichen
ill effect nachteilige Wirkung
illegible undeutlich
illumination IEEE Beleuchtung, Ausleuchtung
illustrate, to illustrieren, bebildern, verdeutlichen
ILS IEEE instrument landing system: Blindlandesystem, Instrumentenlandesystem
image, to abbilden, bildlich darstellen
image IEEE Abbild, Bild
imbalance Unwucht, Ungleichgewicht
imbibe, to saugen, tränken
imbue, to tränken
imitate, to imitieren, nachahmen
imitation Nachahmung
immaterial stofflos, unwesentlich
immediate sofortig, unverzüglich
immense unermesslich, ungeheuer gross
immerse, to (ein)tauchen, untertauchen
immersion Eintauchung, Versenkung
immoderate unmässig
immovable unbeweglich
immune unempfindlich
immutable unwandelbar
imp Gerüststange
impact, to aufschlagen, zudrücken
impact Aufschlag, Wucht, Schlag, Stoss
impair, to beeinträchtigen, verschlechtern
impairing Verschlechterung
impart, to erteilen, mitteilen (Wissen), geben
impeccable einwandfrei
impedance IEEE Scheinwiderstand
impede, to anhalten, arretieren, erschweren
impel, to (an)treiben
impeller Kreisel-, Flügelrad
impenetrable undurchdringlich, undurchlässig
imperil, to gefährden
impermeability Undurchdringlichkeit, Undurchlässigkeit
impermeable undurchdringlich, undurchlässig
impervious dicht, undurchlässig
impetus Antrieb
impinge, to anprallen, aufprallen, auftreffen
implantation Verpflanzung, Implantation

implement Gerät, Werkzeug, Vorrichtung
implements (Pl.) Arbeitsgerät, Handwerkszeug
implicate, to mit eingreifen, verflechten
implode, to platzen, zusammenbrechen
implosion Einfallen
imply, to einbeziehen
impose, to auferlegen
impound, to aufspeichern, stauen
impoundage Eindämmung
impracticable unzweckmässig, unausführbar
impregnate, to durchtränken, sättigen
impregnation IEEE Imprägnierung, Tränkung
impress, to aufdrücken, einprägen
impression Eindruck, Abdruck
improperly unsachgemäss
improve, to verbessern, aufbessern
improvement Verbesserung, Verfeinerung
improvisation Notbehelf
imprudence Unvorsichtigkeit, Leichtsinn
impulse, to einen Impuls erteilen
impulse IEEE Anstoss, Impuls
impulsion Antrieb, Schwung
impure unrein
impurity IEEE Fremdstoff, Verunreinigung
impute, to beimessen, zuschreiben
inability Unfähigkeit
inaccessibility Unzugänglichkeit
inaccessible unzugänglich
inaccuracy Ungenauigkeit
inaccurate ungenau

inactivate, to unwirksam machen
inactive unwirksam, ausser Dienst
inadequacy gap Nachholbedarf
inadequate unzulänglich
inadvertence Versehen, Unachtsamkeit
inadvertent mistake Flüchtigkeitsfehler
inadvertently irrtümlich
inarticulate undeutlich
inattentive unachtsam, unaufmerksam
inaudible unhörbar
inauguration Amtseinführung
incandescent lamp Glühfadenlampe
incapability Unfähigkeit
incapable unfähig
incapacity Unfähigkeit
incase, to (in ein Gehäuse) einschleifen
incentive Anreiz, Ansporn, lohnanreizend
inching operation Tippschaltung
incide, to einfallen
incidence Einfall
incidental zufällig, beiläufig
incinerator Müllverbrennungsanlage
incitation Anregung
incite, to anregen, anreizen, anspornen
incitement Anreizung
inclinable umlegbar, neigbar
inclination Neigung, Schräge
incline, to neigen, kippen abschrägen
include, to einschliessen, beifügen
inconsistency Widerspruch, Unbeständigkeit
inconsistent widersprechend, unverträglich
inconspicuous unauffällig

inconvenience Unbequemlichkeit
inconvenient lästig, ungelegen
incorporate, to eingliedern, einverleiben
incorporation Eingliederung, Einschluss
incorrectly unsachgemäss
increase, to anwachsen, steigen, erhöhen
increase Anwachsen, Steigen, Erhöhung, Zunahme
increment Zuwachs, Anwachsen, Zunahme
incremental zunehmend, Zuwachs...
indenture Lehrbrief
indestructible unzerstörbar
indeterminate unbestimmt, unbekannt
index, to einteilen, einreihen, auf eine Teilmarke stellen
India-rubber Gummi
indicate, to anzeigen, angeben, deuten
indication Angabe, Anzeige, Hinweis, Zeichen
indicator IEEE Anzeigegerät
indiscriminate unterschiedslos
indispensible unerlässlich, unabkömmlich
indissoluble unlöslich, unlösbar
indistinct unklar, undeutlich, verschwommen
indistinctness Unklarheit, Undeutlichkeit
individual eigen, individuell
indivisible untrennbar, unzerlegbar
indolent faul, träge
indoor(s) inwendig, Innen...
indraft Ansaugluftströmung, Einströmung, Saugluft

induce, to induzieren, erzeugen, einleiten, beeinflussen
inducement Anregung, Veranlassung
induce Vorlaufrad
inductance IEEE Induktanz, induktiver Blindwiderstand
induction IEEE Induktion, Ansaugvorgang, Folgerung
inductive induktiv, Induktions...
inductivity IEEE Induktivitäts... Induktanz, Dielektrizitätkonstante
inductor IEEE Impedanzspule, Drossel, Induktor
indurable härtbar
indurate, to verhärten
induration Verhärtung, Hartwerden
industries fair Industriemesse
industrious arbeitsam, emsig, geschäftstüchtig, fleissig
ineffective unwirksam, wirkungslos
ineffectiveness Unwirksamkeit, Wirkungslosigkeit
inefficacy Wirkungslosigkeit
inefficiency schlechte Wirkung, Wirkungslosigkeit
inefficient leistungsunfähig, unwirksam
inelastic starr, unelastisch
inequality Ungleichheit, Ungleichung
inert (Gase) edel, inaktiv, neutral, unentzündbar
inert gas IEEE Inertgas, Schutzgas
inertance Inertanz, Massenwirkung
inertia IEEE Trägheit(svermögen)
inertial force IEEE Trägheitskraft
inertness Massenwiderstand, Trägheit

inexact ungenau
inexcitability Unanfechtbarkeit
inexhaustible unerschöpflich
inexpansible unausdehnbar
inexpedient unzweckmässig
inexpensive billig
inexperience Unerfahrenheit
inexperienced unerfahren
inexplosive unexplodierbar
inextensible unausdehnbar, undehnbar
inextricable unentwirrbar
infect, to verseuchen, anstecken
infection Verseuchung
in-feed Beschickung, Zustellung
infer, to folgern
inference Folgerung, Hinweis, Rückschluss
inferential meter Durchflussmesser
inferior geringwertig
inferiority Minderwertigkeit, Unterlegenheit
infiltrate, to eindringen, einsickern, durchsetzen
infiltration Einfiltrierung, Einsickerung, Durchsickerung
infinite endlos, unendlich
infinitesimal calculus Infinitesimalrechnung
infinity Unendlichkeit
inflame, to entzünden
inflammability Entflammbarkeit
inflammable brennbar, entzündbar
inflammation Entflammung
inflatable boat Schlauchboot
inflate, to aufblähen, aufblasen
inflation IEEE Aufblähung
inflator hose Füllschlauch
inflect, to ablenken, beugen, biegen
inflecting Bieten

inflection IEEE Ablenkung, Beugung
inflector Einlenkkondensator
inflexibility Steifheit, Unbiegsamkeit
inflexible starr, steif, unbiegsam
inflexion Knickpunkt
inflict, to beibringen, auferlegen
inflow Ansaugluft, Einfluss
influence, to influenzieren, beeinflussen
influence Beeinflussung, Einfluss, Einwirkung
influx Einfluss, Zufluss, Zustrom
inform, to unterrichten, angeben, avisieren
informal formlos
informality Formlosigkeit, Formfehler
infrared infrarot
infrasonic IEEE Infraschall..., Unterschall...
infringe, to beeinträchtigen, verletzen (Vorschriften)
infringement Beeinträchtigung, Übertretung
infuse, to aufgiessen, einflössen
infusible unschmelzbar
ingate Trichtereinlauf
ingenious erfinderisch, sinnvoll
ingenuity Findigkeit
ingestion Ansaugen (Triebwerk)
ingot Barren, Block
ingredient Bestandteil, Zugabe
ingress, to eindringen
ingress Eindringen, Eintritt
inherent anhaftend, innewohnend, eigentümlich
inherently von Natur aus
inhibit, to hemmen, entgegenwirken
inhibition Hemmung, Behinderung

initial IEEE anfänglich, Anfangs…
initiate, to ansetzen, beginnen, einleiten
initiating Inbetriebsetzung
initiation IEEE Beginn, Einleitung, Einsatz
inject, to injizieren, einblasen, einspritzen
injection Einspritzung, Einblasen
injection pump Einspritzpumpe
injector Einspritzpumpe, Dampfstrahlgebläse
injunction Verbot, Untersagung
injure, to beschädigen, verletzen
ink, to (Zeichnungen mit Tusche) ausziehen
ink Tusche, Tinte, Farbe
inked ribbon Farbband
inlay Einlage
inlet Einlass, Eingang, Zuführung, Bucht
inlet valve Einlass-, Ansaugventil
inner innen, inner
innovation Neuerung
inodorous geruchlos
inoffensive harmlos
inoperating contact Ruhekontakt
inoperation Stilliegen, (Anlage) ausser Betrieb sein
inoperative in Ruhestellung befindlich, ruhend, unwirksam
inphase gleichphasig, phasengleich
in-process material Zwischenprodukt
input IEEE (Leistungs-)Aufnahme
inquire, to abfragen, sich erkundigen
inquiry Abfragen, Erhebung, Erkundigung
inrush Einströmen, Zustrom

inrush current Einschaltstrom
inscribe, to einschreiben
inscription Aufschrift, Beschriftung
insecure unsicher
insensibility Unempfindlichkeit
insensible unempfindlich
insensitive unempfindlich
inseparability Untrennbarkeit
insert, to einsetzen, einlegen, aufnehmen
insert Einlassstück, Einlage
insertion IEEE Einsatz, Einfügen, Ansatz
inset Einsatz, Zwischenlage
inside Innenseite, innerhalb
insight Einblick, Erkenntnis
insignia Abzeichen, Hoheitszeichen
insignificant unbedeutend
insist, to bestehen (auf)
insistant beharrlich
insolubility Unlöslichkeit
insolvable nicht mischbar
insolvency Zahlungsunfähigkeit, Konkurs
insolvent zahlungsunfähig
inspect, to beaufsichtigen, inspizieren
inspecting officer Inspekteur
inspection agency Überwachungsstelle
inspector Abnahmebeamter, Aufseher, Inspekteur
inspire, to einatmen, ansaugen, begeistern
instability Instabilität, Labilität
install, to installieren, aufbauen, errichten
installation Installation, Anlage, Anordnung
installer Einrichter

installment Teilzahlung, Rate, Akontozahlung
instantaneous momentan, augenblicklich, unverzögert
instantly sofort, augenblicklich
institute Anstalt
institute of technology Technische Hochschule
instruction IEEE Anleitung, Richtlinie, Unterweisung, Instruktion
instructive belehrend, instruktiv, lehrreich
instructor Lehrer, Ausbilder
instrument IEEE Gerät, Instrument
instrumentation Instrumentierung
insubmersible unsinkbar
insubordination Achtungsverletzung, Ungehorsam
insufferable unerträglich
insufficient unzureichend, mangelhaft
insulate, to (ab)isolieren
insulation IEEE Isolation
insulator Isolator
insurance Versicherung
insure, to versichern
insurer Versicherer
intact intakt, unversehrt
intake Ansaugen (Motor), Ansaugöffnung
integral integral, ein Ganzes bildend
integrate, to integrieren
integrated circuit IEEE zu einer Baugruppe zusammengefasste Schaltelemente
integrating amplifier IEEE Integrationsverstärker, Summierverstärker

integration Integration, Zusammenfassung
intelligence Nachricht, Nachrichtengehalt
intelligibility Verständlichkeit, Deutlichkeit
intensification Verstärkung, Intensivierung
intensifier Verstärker
intensify, to verstärken, intensivieren
intensity IEEE Stärkegrad, Intensität
intensive cooling Tiefkühlung
interact, to in Wechselwirkung stehen, einwirken
interaction IEEE Wechselwirkung, Rückwirkung
interblend, to vermischen
intercept, to abfangen, auffangen, begrenzen, abhören
intercept Abschnitt (Math.)
interception activity IEEE Abhörtätigkeit
interception service Abhördienst, Horchfunk
interceptor IEEE Sammler, Auffänger, Abscheider
interchange, to auswechseln, austauschen
interchange Vertauschung, Austausch
interchangeable austauschbar, auswechselbar
interchanger Austauscher
interchannel modulation IEEE Kreuzmodulation
intercom system IEEE Gegensprechanlage
intercommunication IEEE Wechselverkehr

interconnected IEEE verkettet, zwischengeschaltet
interconnect, to zusammenschalten, zwischenschalten, miteinander verbinden
interconnection IEEE Verkettung, Zwischenschaltung, Zwischenverbindung
interconversion Umkodierung
interconvertible umsetzbar, umwandelbar
intercooler Zwischenkühler
interdialling Zwischenwahl
interface Grenzfläche, Berührungsfläche, Grenzschicht
interfere, to beeinträchtigen, stören
interference IEEE Interferenz, Überlagerung, Beeinflussung
interfusion Verschmelzung
intergalactic travel Flug im intergalaktischen Raum
interior inner, Innen..., inwendig
interlace, to verflechten, vernetzen
interlaminar bonding Schichtverband
interlayer Zwischenschicht
interline flicker Zeilenflimmern
interlining Zwischenfutter, Einlagestoff
interlink, to verketten
interlock, to verriegeln, blockieren
interlock IEEE Verriegelung, Verblockung
interlocking Sperre, Verriegelung
intermediate Zwischenglied, Zwischen...
intermesh, to kämmen (Zahnräder)
intermingled durchwachsen (Min.)
intermittent IEEE aussetzend, stossweise, zeitweise

intermix, to vermischen
internal IEEE innerlich, Innen...
internet traffic Querverkehr
interphase Zwischenphase
interphone Haustelefon
interpolate, to interpolieren
interpole IEEE Zwischenpol, Wendepol
interpose, to einschalten, zwischenschalten
interpreter Dolmetscher, Zuordnercode
interrogate, to abfragen
interrogation Abfragung
interrogator IEEE Abfragesender
interrupt, to unterbrechen
interrupter IEEE Ausschalter
interruption IEEE Unterbrechung
interruption of current Stromunterbrechung
interruption test IEEE Abschaltversuch
interruptive capacity IEEE Abschaltleistung
intersecting angle Schnittwinkel
intersection Durchdringung, Schnittlinie
interspace Zwischenraum
intersperse, to durchsetzen
interstage Zwischenstufe
interstellar kosmisch, interstellar
interstice Zwischenraum, Spalt
interval Zwischenzeit, Zeitspanne
intervalve coupling Röhrenkopplung
intricacy Schwierigkeit, Kompliziertheit
intricate schwierig, kompliziert
intrinsic IEEE Eigen..., innerlich, zugehörig
intrinsically safe eigensicher

introduce, to einführen, einsetzen
introduction Einführung, Einleitung
intrude, to eindringen, intrudieren
intrusion Durchfressen, Intrusion
inundate, to überfluten, überschwemmen
inundation Überflutung, Überschwemmung
invalid ungültig
invalidity Ungültigkeit
invariable unveränderlich, invariabel
invent, to erfinden
invention Erfindung
inventor Erfinder
inventory Inventar, Inventur
inventory store Bestandsspeicher, Auskunftsspeicher
inverse Kehrwert
inverse entgegengesetzt, umgekehrt
inversion Umkehrung, Inversion
invert, to umkehren, umwenden
inverter IEEE Wechselrichter
invertible umkehrbar
investigation Erforschung, Untersuchung
investment casting Giessen mit verlorener Giessform
invisibility Unsichtbarkeit
invisible unsichtbar
invoice Rechnung
involute evolventisch
involute Evolvente
inward batter Verjüngung
iodine Jod
ionised atom IEEE Atom-Ion
ionosphere Ionosphäre
iris diaphragm Irisblende
iron, to mit Eisen beschlagen
iron Eisen

ironmongery Beschläge, Eisenwaren
irradiance IEEE Bestrahlungsstärke
irradiate, to bestrahlen
irradiation IEEE Bestrahlung
irradiator Strahler
irregular ungleichmässig
irregularity Ungleichmässigkeit
irreparable nicht reparierbar
irreplaceable unersetzbar
irresolvable nicht zerlegbar, nicht auflösbar
irreversible nicht umkehrbar, selbstsperrend
irrigate, to bewässern, berieseln
irrigation Bewässerung, Berieselung
irritant Reizmittel
island effect Inselbildung
isolate, to trennen, abschalten, unterbrechen
isolated vereinzelt, einzeln dastehend
isolating capacitor IEEE Sperrkondensator, Trennkondensator
isolation IEEE Trennung, Abschaltung
isolator IEEE Trenner, Trennschalter
isotherm Isotherme, Wärmegleiche
isothermal isotherm
isotope IEEE Isotop
issue, to in Umlauf setzen, in Kurs setzen
issue Austritt, Ausgang, Ausgabe
item Gegenstand, Einzelheit, Punkt, Posten
itemise, to spezifizieren
itemised costs Einzelkosten
iteration Wiederholung

J

jack, to anheben, hochwinden, verrücken
jack Hebebock, Heber, Presse, Winde
jacket, to verkleiden, umhüllen, ummanteln
jacket Mantel, Umhüllung, Verkleidung
jacketed ummantelt
jackhammer leichter Bohrhammer
jag, to einkerben, verstufen
jag Zacken, Kerbe, Einschnitt
jam, to blockieren, festfressen, klemmen, steckenbleiben, sich stauen
jam Blockierung, Stockung
jammer IEEE Störsender, Störungsfunkstelle
jamming IEEE Blockieren, Stocken, Festfressen, Störung (Sender)
jar, to rattern, rütteln, vibrieren
jar IEEE Gefäss, Flasche, Krug, Tiegel, Glaskolben
jarring Rütteln, Erschütterung
jaw Klaue, Backe
jemmy kleine Brechstange
jenny Laufkatze
jerk, to stossen, rütteln, rucken
jet, to herausprudeln, -spritzen
jet Strahl, Düse, Strahltriebwerk
jetcrete Spritzbeton
jib, to scheuen, ausweichen, ablehnen
jib Ausleger, Kranbalken
jig, to setzen, durchsetzen
jig Vorrichtung, Spannvorrichtung, Bohrschablone

jig builder Vorrichtungsbauer
jigger Kopplungstransformator
jigging Vorrichtungsbau
jitter IEEE Wackeln, Bildinstabilität, Zittern, unerwünschte Frequenzmodulation
job Anstellung, Arbeit, Arbeitsstück
jobbing Einzelteilfertigung (auftragsweise)
jobsite Baustelle
jog, to langsam bewegen, stossen
jog Absatz, Sprung
jogger Schüttelmaschine
jogging IEEE Feineinstellung, Rucken
jogging speed IEEE Vorrückgeschwindigkeit
joggle Nut und Feder
join, to verbinden, fügen, zusammenschalten
join by cable, to durch Kabel anschliessen
joint IEEE Fuge, Stoss, Gelenkstück, Verbindungsstelle
jointer Kabellöter
jointing Verbinden, Vermuffen
jolt, to stauchen, schleudern, rütteln
jolt Stoss, Rütteln
journal, to lagern (masch.)
journal IEEE Zapfen, Wellenzapfen, Fachzeitschrift
journeyman Facharbeiter, Geselle
joystick Daumenhebel
jump, to (über)springen, überschlagen
jump Sprung, Überschlag

jumper IEEE Kurzschlussbrücke, Überbrückungskabel
junction IEEE Abzweigung, Übergangszone, Halbleiterübergang, Knotenpunkt
juncture Verbindungspunkt
junk Schrott, Altmaterial
justify, to bündig machen
juxtapose, to nebeneinander anordnen

In favour of the creepy crawlies

"Good news, Professor Bowman! The editorial board has decided to bring out two editions of your work: A hardbound library edition entitled 'Entomological Conflicts with the Ecosystem' and a paperback version called 'Bugs, Beasties and Creepy Crawlies'".

(Creepy crawlies: Kriech- und Krabbeltiere; bug (US: Insekt; beasty: kleines Biest)

K

K degrees IEEE Kelvingrade
Kaplan turbine Kaplan-Turbine
Kapp-type phase advancer Kapp-Phasenschieber
keel Kiel
keep, to (er)halten, festhalten, lagern, aufbewahren
keeper Halteeinrichtung, Halter, Wächter
keeping Verwahrung
Kelvin balance Stromwaage
Kelvin bridge IEEE Thomson-Brücke
kerosene Kerosin, Paraffinöl
kettle Wasserkessel
key, to verdübeln, verkeilen, verzahnen
key Längskeil, Feder, Schlüssel
key and slot Feder und Nut
key industry Grundindustrie, Schlüsselindustrie
keyboard Tastatur, Einstellwerk
keygroove, to Keilnuten ziehen
key circuit Tastkreis
keying circuit IEEE Tastkreis
keyseat Keilnut
keyway IEEE Keilnut
kick, to stossen, antreten

kick Stoss, Schlag
kickout Auslöseeinrichtung
kill, to unwirksam machen, beruhigen, niederschlagen
killed acid Lötwasser
kiln Brennofen, Trockenraum
kind Art, Sorte, Gattung, Güte
kindle, to anzünden, entzünden
kink, to sich verknoten, in Schleifen legen (Leitungen)
kink Schleife, Knick
kinking Knicken
Kirchhoff's law of networks Kirchhoffsches Verzweigungsgesetz
kirner Handbohrer
kit Werkzeugkasten, Ausrüstung
klaxon elektrische Hupe
knee Knie(stück)
knife Klinge, Messer, Schneide
knife switch Messerschalter
knob Knopf, Drehknopf
knock, to aufschlagen, prallen, zusammenstossen, klopfen (Motor)
knot Knoten, Knorren
knockproof klopffest

L

label, to etikettieren, markieren, beschriften, bezeichnen
label Etikett, Kennzeichen, Markierung
labelling Markierung
laboratory Laboratorium
labour, to bearbeiten, bebauen, arbeiten
labour Arbeit
labourer (ungelernter) Arbeiter
lace, to (ver)binden, schnüren
lace Litze, Schnur, Spitze
lack, to ermangeln, nicht haben, nicht besitzen
lack Mangel, Fehlen, Nichtvorhandensein
lacquer, to lackieren, lacken
lacquer IEEE (Lack) Farbe
lacquerer Lackierer
ladder Leiter, Treppe
lade, to beladen, belasten
lading Ladung, Beladen
ladle, to ausschöpfen
ladle Kelle, Pfanne
lag, to nacheilen, zurückbleiben, sich verzögern
lag IEEE Nacheilung, Verzögerung, Zurückbleiben
lamella Lamelle, Plättchen
lamellar lamellar, geschichtet
lamina Folie, Schicht, Lamelle
laminable streckbar, walzbar
laminate, to schichten, beschichten
laminate IEEE Schichtstoff
lamination Dopplung, Schichtung, lamelliertes Blech
lamp IEEE Lampe, Leuchte
lampholder IEEE Lampenfassung
landmark Ortungspunkt
lane IEEE Fahrspur, Fahrbahn, Gasse
lantern Laterne
lap, to läppen, überlappen
lap Überlappung, Läppen
large-scale production Massenproduktion
laringophone Kehlkopfmikrofon
laser IEEE (light amplification by stimulated emission of radiation) Laser (Lichtverstärkung durch induzierte Emission von Strahlung)
lash, to festbinden, befestigen, zurren
lashing Zurrung, Verlaschung
last, to aushalten, dauern, währen
latent gebunden, verborgen, latent
lattice IEEE Gitter (Kristalle)
launch Stapellauf, Start, Pinasse
launder, to waschen
laundry Wäscherei
law Gesetz
layer IEEE Schicht, Lage
laying Verlegung
layout Lageplan, Anordnung, Grundriss
layshaft Vorgelegewelle
leach, to (aus)laugen, herauslösen
leaching agent Laugemittel
lead, to leiten, führen, voreilen
lead IEEE Leitung, Leiter (Strom), Steigung
lead, to [led] verbleien, mit Blei auskleiden
lead [led] Blei

leaded fuel verbleiter Kraftstoff
leaf Blatt, Folie, Torflügel
leak Undichtheit, Leckstelle, Ableitung
leakage IEEE Undichtigkeit, Leckstelle
leakless lecksicher
leakproof lecksicher, dicht
leaky undicht
lean mager
learner-driver Fahrschüler
leather Leder
lecture, to vortragen, Vorträge halten
lecture Vorlesung
left and right reversed seitenverkehrt
leg Schenkel, Teilstrecke, Bein, Kathete
legend Legende, Zeichenerklärung
legible lesbar
lending library Leihbibliothek
length Länge, Strecke, Dauer
lengthen, to verlängern, strecken
lengthening Verlängerung
lens Linse, Objektiv, Lupe
Lenz's law Lenzsche Regel
Leonard control IEEE Leonard-Schaltung
lessen, to vermindern, verringern
letter, to mit Buchstaben bezeichnen, beschriften, stempeln
letter Zeichen, Buchstabe, Brief
letting down Anlassen (Stahl)
level, to abziehen, ebnen, glätten, ausrichten
level IEEE Pegel, Niveau, Höhe, Richtgerät
levelling IEEE Nivellieren, Abziehen, Ausgleichen, Ebnen, Planieren
lever IEEE Hebel, Arm, Schwengel

lever key IEEE Hebelschalter
leverage Gestänge, Hebelwirkung, Hebelwerk
lewis bolt Ankerschraube, Steinschraube
Leyden jar Leydener Flasche
liable for damages schadenersatzpflichtig
liberate, to loslösen, befreien, entwickeln
librarian Bibliothekar(in)
library Bibliothek
licence Lizenz, Zulassung, Bewilligung
licence, to zulassen, Lizenz erteilen
licensee Lizenzinhaber
lid Deckel, Klappe
Lieben-Reiss relay Lieben-Röhre
life Lebensdauer, Betriebsdauer
life test IEEE Lebensdauerprüfung
lift, to heben, anheben, abnehmen
lift Aufzug, Fahrstuhl, Abhebung
lifter Heber
light, to beleuchten, anzünden
light leicht, hell
lighter Anzünder, Feuerzeug, Leuchter
lighting IEEE Beleuchtung, Lichttechnik
lightness IEEE Leichtheit, Helligkeit
lignite Leichtbraunkohle
limb Schenkel, Gradbogen
limit, to begrenzen, beschränken
limit Grenze, Toleranz
limitation Begrenzung, Einschränkung
limiter IEEE Begrenzer
limitless unbegrenzt
limits and fits IEEE Toleranzen und Passungen

limp schlaff
line, to ausfüttern, ausgiessen, ausschlagen, auslegen
line IEEE Linie, Reihe, Strich, Leitung, Strang, Bahnlinie
linearity IEEE Linearität, Geradlinigkeit
lineman Freileitungsmonteur
liner Zylinderlaufbuchse, Unterlegscheibe, Auskleidung, Deckmantel, Ausguss
lineshaft drive Transmissionsantrieb
lining Belag, Auskleidung, Bremsbelag, Futter
link, to verketten
link IEEE Glied, Gelenk, Verbindungsstück, Bindung
linkable verkettbar
linkage IEEE Gelenkgetriebe, Verbindung, Aufhängung
linking IEEE Verkettung
lip Rand, Kante, Schneidlippe
liquefy, to verflüssigen
liquid Flüssigkeit
list, to eintragen (in einer Liste)
list Liste, Verzeichnis
listen, to anhören, horchen
litter Abfallstoffe, Kehricht
live IEEE stromführend, spannungsführend, mitlaufend
load, to belasten, beanspruchen, beschicken, zuführen
load IEEE Belastung, Beanspruchung, Last, Ladung, Beschickung
loadability Belastbarkeit
loader Ladegerät, Lader
loading IEEE Laden, Aufladen, Belastung, Beanspruchung
lobe Flügel, Lappen, Keule, Zipfel

local örtlich
localiser IEEE Landekurssender
locality Ort, Örtlichkeit
locate, to plazieren, anordnen, in Stellung bringen
location Stellung, Lage, Standort
locator Anflugfeuer
lock, to verriegeln, sperren, sichern
lock IEEE Riegel, Schloss, Sperre
locker Schrank, Spind
lockhandle Spannhebel
locking IEEE Festklemmen, Verriegeln, Arretierung
lockplate Sicherungsplatte
locksmith Schlosser
lockwasher Unterlegscheibe
loctal tube Loktalröhre, Allgasröhre
lodestone Magneteisenstein
lodge, to umlegen
loft Boden, Speicher
log, to aufzeichnen, in Tabelle eintragen, Bäume fällen
log Logarithmus, Logbuch, Langholz
logger IEEE Datenschreiber, Fischereifahrzeug
logging IEEE Registrieren, Ausdrucken, Holzfällen
logic IEEE Logik
longitude Länge, Längengrad
longitudinal Längsspant, Seitenträger
looking aft (Schiff) von vorn gesehen
looking forward von hinten gesehen
loom Isolierschlauch, Webstuhl
loop, to in Schleife legen, zusammenbinden
loop IEEE Masche, Schleife, Rahmenantenne
looping mill Umsteckwalzwerk

loose locker, lose, abnehmbar, schlaff
loosen, to lösen, lockern, abschrauben
loosening Lösen, Lockern, Abschrauben
lop, to abschneiden, abrunden
lorry Last(kraft)wagen
loss IEEE Abfall, Verlust, Dämpfung
lossless verlustlos, verlustarm
loudspeaker IEEE Lautsprecher
loupe Lupe
louvre IEEE Luftschlitz, Jalousie
low niedrig, tief, schwach
lower, to senken, herablassen
lowering Herablassen, Senken, Fieren
lowermost unterst
lubricant Schmiermittel
lubricate, to schmieren, fetten, ölen
lubrication Schmierung
lubricator Öler, Schmiereinrichtung
luffing crane Hebekran, Einziehkran
lug IEEE Henkel, Öse, Klemme
luke-warm handwarm, lauwarm
lumber Nutholz, Gerümpel
lumeter Lumenmesser
luminaire IEEE Lampe, Leuchte, Leuchtkörper
luminance IEEE Leuchtdichte
luminesce, to lumineszieren
luminescence IEEE Lumineszenz
luminous leuchtend, Licht..., Leucht...
lump, to zusammenballen
lump Klumpen, Stück
lumped punktförmig verteilt, konzentriert
lumpy grossstückig
lustre Schimmer
lute, to verschmieren, verkitten
lute Dichtungsmasse, Kitt
luting agent Dichtungskitt
lye Lauge

Advanced research facilities of the Ministry of Progress proved its efficiency in creating this huge bluebottle.
(Bluebottle: Brummer, Schmeissfliege)

M

Mach number Mach-Zahl
machinability Spanbarkeit, Bearbeitbarkeit
machinable bearbeitbar, spanbar
machine, to bearbeiten, spanen, fertigen
machined surface Arbeitsfläche
machinery Maschinenpark, Maschinenwesen
machining IEEE Fertigung, Maschinenarbeit
made to scale massgerecht hergestellt
magamp (magnetic amplifier) Magnetverstärker
magazine Warenlager, Speicher, Magazin
magnetisable magnetisierbar
magnetise, to magnetisieren
magnification IEEE Vergrösserung
magnifier IEEE Vergrösserungsglas, Lupe
magnify, to vergrössern
magnifying Vergrössern
magnitude IEEE Grösse, Wert, Betrag, Menge
magslip Drehmelder
main Haupt...
mains IEEE Netz, Speiseleitung
maintain, to aufrechterhalten, instand halten, pflegen, warten, unterhalten
maintaining Instandhaltung
maintenance IEEE Wartung, Instandhaltung, Pflege, Unterhaltung
major grössere(r), Haupt...
majority Majorität
make, to herstellen, erzeugen, fertigen, produzieren, aufbauen
make Fabrikat, Bauart
maker Hersteller, Herstellerfirma
makeshift Notbehelf
maladjustment Justierfehler
male connector Stecker, Steckverbindung
malfunction IEEE Störung, Versagen, Nichtfunktionieren
mall Schlegel
malleable unter Druck verformbar
malleablise, to glühfrischen, tempern
malleablising Tempern
mallet Fäustel, Schlegel
maltese cross Malteserkreuz
man, to bemannen, besetzen
manageable manövrierfähig, handlich
management Betriebsleitung, Direktion, Handhabung, Leitung
manganese Mangan
manhole Mannloch, Einsteigöffnung
manifold Rohrverzweigung, Sammelrohr, Krümmer
manipulate, to bedienen, betätigen, handhaben
manipulator Ferngreifer, Manipulator, Kantvorrichtung
manless unbemannt
manned bemannt
manner Art, Weise, Methode
manning Bemannung, Besetzung
manpower Arbeitskraft
mantle Überform, Glühkörper
manual, Handbuch, Handakte

manual IEEE von Hand, manuell
manually operated IEEE handbetätigt
manufacture, to fertigen, herstellen, produzieren
manufacture Fertigung, Herstellung, Produktion
manysided vielseitig
manystage mehrstufig, Mehrstufen...
map, to abbilden, aufzeichnen, aufnehmen
map Karte, Landkarte
mar, to beschädigen, zerkratzen
mar resistance Kratzfestigkeit
margin, to (auf Ansprechwert) einstellen
margin IEEE Grenze, Toleranz, Rand, Phasenbreite
marginal IEEE am Rande befindlich, Rand..., Grenz...
marine engineering Schiffsmaschinenbau
marine fouling Schiffsbewuchs
mark, to bezeichnen, markieren, kennzeichnen, ankörnen
mark IEEE Marke, Zeichen, Impuls
master switch IEEE Hauptschalter
mastic Mastix, Kitt, Harz
mat matt, glanzlos, mattiert
match, to aufeinanderpassen, anpassen, angleichen
match Zündholz, Zündlunte
matching IEEE Anpassung, Zusammensetzen
mate, to ineinandergreifen, kämmen, fügen
mated plug Stecker im Eingriff
materials Baustoffe, Werkstoffe

materiology (zerstörungsfreie) Werkstoffprüfung, Materialprüfung
mathematician Mathematiker
mathematics Mathematik
matter Materie, Stoff, Masse
mature, to reifen, ablagern, altern
maul Holzhammer
mayday MAYDAY (internationales Notzeichen)
mechanical engineering Maschinenbautechnik
mechanics Mechanik
megger IEEE Megohmmeter
Meissner circuit IEEE Meissner-Schaltung
melt, to schmelzen
melt Schmelze, Charge
member Bauglied, Bauteil, Organ, Element
memory IEEE Speicher, Datenspeicher
mend, to flicken, reparieren
mental arithmetic Kopfrechnen
merchant marine Handelsmarine
merchant mill Feineisenstrasse
mercury IEEE Quecksilber
merge, to (ein)mischen, fusionieren, verschmelzen
merit Übertragungsgüte (Funksprechverkehr)
Mesa configuration Mesastruktur
mesh, to eingreifen, kämmen, ineinandergreifen
mesh IEEE Geflecht, Masche, Raster
meshing Zahneingriff
message Information, Nachricht, Bescheid

metadyne Metadyne (Elektromaschinenverstärker)
metal-clad verkleidet (mit Blech, Metall)
metalliferous metallhaltig, metallführend
metallising Metallauftragung, Metallisierung
metallurgical metallurgisch
metallurgist Metallurge
metallurgy Metallurgie, Hüttenwesen
meteorological chart Wetterkarte
meteorology Meteorologie
meter, to messen
meter IEEE Messgerät, Zählwerk
metering IEEE Messen, Dosieren, Zählung
methane Methan
metre Meter
metric metrisch
microcrystalline feinkörnig, mikrokristallin
micron IEEE Mikrometer
microniser Feinstmahlvorrichtung
microphone IEEE Mikrophon
microstrip Streifenleitung (Wellenleiter)
microstructure Feingefüge
microswitch Mikroschalter
middle Mitte
midget Kleinst..., Miniatur...
midget base Mignonsockel
migrate, to wandern (Ionen)
migration Wanderung (Ionen)
mil (Längeneinheit) (1 mil = 25,4 Mikrometer = 0,001 Zoll)
mild-carbon steel kohlenstoffarmer Stahl

mile Meile (1 statute mile = 1,609 km)
milage zurückgelegte Strecke (in Meilen)
mill, to fräsen, walzen
mill Mühle, Walzwerk, Fräsmaschine, Fabrik
miller Fräsmaschine
milling Fräsen, Mahlen
mine, to Bergbau betreiben, abbauen, schürfen, gewinnen
minimise, to vermindern, auf das kleinste Mass herabsetzen
minority carrier IEEE Minoritätsträger
mint Münze
minute klein, sehr klein
mirror, to spiegeln, widerspiegeln
mirror Spiegel
misadjusted falsch eingestellt
misfire Fehlzündung, Versager
misnomer Fehlbezeichnung
misphased phasenvertauscht, phasenfalsch
misprint Druckfehler, Fehldruck
miss, to versagen, verfehlen, fehlschlagen
missile Rakete, Geschoss
mist, to beschlagen, schwitzen
mist Sprühnebel, feiner Regen
mistake Fehler, Irrtum
mistune, to verstimmen
mix, to (ver)mischen, vermengen
mixing Mischen, Vermischen, Vermengen
mixture Gemisch, Mischung, Gemenge
mobile IEEE beweglich, transportabel, fahrbar
mobility Beweglichkeit, Wendigkeit

mock Schein..., unecht
mode IEEE Art, Weise, Methode, Form
model, to gestalten, modellieren, formen
model Modell, Konstruktion
moderate, to mässigen, mildern, abbremsen, moderieren
moderator Brennstoff, Moderator
modification Abänderung, Abwandlung
modify, to abändern, modifizieren
modular IEEE Modul...
modulate, to modulieren, modeln (modulgerecht bauen)
modulating IEEE Modulations...
modulator IEEE Modulator, Zerhacker, Kanalumsetzer
module IEEE Baustein, Element, Modul, Grundmass
moist feucht, nass
moisten, to anfeuchten, benetzen, befeuchten
moisture Feuchtigkeit, Nässe
molten geschmolzen
moly steel Molybdänstahl
momentary momentan, kurzzeitig, Momentan...
momentum Bewegungsgrösse, Impuls
monitor, to kontrollieren, überwachen, vermitteln, abhören
monitoring Überwachung, Kontrolle, Mithören
monkey wrench Schraubenschlüssel, Universalschraubenschlüssel
monobloc aus einem Stück gegossener Zylinderblock
monolithic IEEE monolithisch, aus einem Stück gearbeitet

monostable monostabil
monotonous increase monotones Anwachsen
monotonous decay monotones Abklingen
monotooth alternator Wechselstromgenerator mit konzentrierter Wicklung
moor, to anlegen, festmachen
mordant Beize, Ätzung
mordant beizend, ätzend
mortise, to ausstemmen, einschlitzen
mortise Stemmloch, Schlitz
mossy lead Bleischwamm
motion Bewegung, Lauf, Gang
motionless bewegungslos, stillstehend
mould, to formen, gestalten, giessen, pressen
mould Kokille, Form, Modell, Presswerkzeug
mouldable formbar, verpressbar
moulded-case circuit-breaker IEEE gekapselter Leistungsschalter
mount, to aufstellen, montieren, zusammenbauen, anbringen
mount Montierung, Halterung, Fassung
mouth Öffnung, Mündung, Maul, Abstichloch
movable beweglich, verstellbar
move, to bewegen, verschieben, laufen, verholen
movement Bewegung, Lauf, Verschiebung, Uhrwerk
mud Schlick, Schlamm, Moder
muffle, to dämpfen (Schall)
muffle Schmelztiegel, Löschrohr
muffler Schalldämpfer, Auspufftopf
muller mixer Kollergang

multi Viel…, Mehr…	**multiply, to** multiplizieren
multigrade oil Mehrbereichsöl, Multigradöl, Öl für alle Jahreszeiten	**multipoint recorder** Punktschreiber
	musa aerial Mehrfachrautenantenne
multiple mehrfach, vielfach	**mute, to** abdämpfen
multiplexer IEEE Mehrfachkoppler	**mute** Dämpfer, Schalldämpfer
multiplicable vervielfachbar, multiplizierbar	**muting** Dämpfung, Abschwächung
	mutual gegenseitig, Wechsel…
multiplier IEEE Vervielfacher	**muzzle** Mündung

Creepy crawlies now do the job

Latest news from the materials testing laboratory of the Ministry of Progress, Pulham Down.

A MinProg spokesman recently told us: Extensive research work has brought about an intelligent caterpillar, able to eat and analyse metal and non-metal alloys, in connection with the microprocessor plant.

(creepy crawlies: Kriech- und Krabbeltiere)

N

n-type IEEE n-leitend, überschussleitend
nacelle Gondel, Rumpf
nail, to nageln
nail Nagel
naked blank, offen, bloss
narrow, to sich verjüngen, enger werden
narrow eng
natural IEEE natürlich, Natur..., Eigen...
nautical nautsich, See...
nautics Nautik
naval Marine...
navigable befahrbar (Gewässer)
navigate, to befahren (Schiff)
navigating bridge Kommandobrücke
navigation IEEE Schiffahrt, Navigation
navigator Nautiker, Seefahrer
navvy Erdarbeiter
navy Kriegsmerine
nc IEEE (numerically controlled) numerisch gesteuert
neat rein, sauber, unvermischt
neatly grouped übersichtlich angeordnet
necessary notwendig, zwangsläufig
neck, to einstechen, einschnüren
neck Hals (Welle), Ansatz, Zapfen
need Bedarf, Mangel
needle Nadel
negligible vernachlässigbar
NEITHER-NOR circuit IEEE WEDER-NOCH-Schaltung
neodymium Neodym

neon signal lamp IEEE Glimmlampe
neoprene Neopren
net IEEE Netz
network IEEE Netz, Netzwerk
neutral IEEE Nulleiter, Mittelleiter, Sternpunkt(leiter)
neutralise, to aufheben, neutralisieren, kompensieren
newly discovered neuentdeckt
nib Ende, Spitze, Stahlfeder
nibble, to ausschneiden, aushauen (Blech)
nibber Nibbelschere
niccolite Kupfernickel
niche Nische
nichrome Chromnickelstahl
nick, to einkerben, schnitzen
nick Kerbe, Einschnitt, Schlitz
nickelise, to vernickeln
nigging chisel Scharriereisen
niobium Niob
nip off, to abkappen, abkneifen, abzwicken
Nipkow disk Nipkow-Scheibe
nipper Kneifzange
nippers Ziehzange, Beisszange, Kneifzange
nipple Nippel, Ansatz
nitride, to nitrieren
nitralloy Nitrierstahl
nitratine Chile-Salpeter
n-n junction IEEE nn-Übergang
no-clearance spielfrei, ohne Spiel
no-delay call Schnellgespräch
no-load IEEE Leerlauf..., unbelasteter Zustand

node IEEE Knotenpunkt, Schwingungsknoten, Wellenknoten
nodular kugelig
nog Holzdübel, Holzstift
noise IEEE Lärm, Geräusch, Rauschen
noiseless geräuschlos
noisy geräuschvoll
nomenclature Nomenklatur, Terminologie, Benennung
nominal IEEE Nominal..., nominell, Nenn...
non nicht..., un ...,...frei
Norton type gear Nortongetriebe
nose Nase, Ansatz, Kopf, Spitze, Schnauze
nosing Ausladung, Kante, Schutzleiste
NOT-AND circuit IEEE NICHT-UND-Schaltung
not to scale nicht massstäblich
not-under-control manövrierunfähig
notable wahrnehmbar, feststellbar
notation Darstellung, Bezeichnung, Schreibweise
notch, to ausklinken, schlitzen, einschneiden, kerben
notch Kerbe, Raste, Schnitt

note Notiz, Merkmal, Note
notice Bericht, Nachricht, Gedanke, Begriff
notion Begriff
nowel Unterkasten (Formerei)
nozzle Düse, Öffnung, Mundstück
n-p junction IEEE np-Übergang
nuclear Kern..., nuklear
nuclear power station Kernkraftwerk
nucleus Kern
nugget Nugget, Klumpen
nuisance area Störgebiet, Interferenzzone
nullify, to annullieren, nullen
number, to zählen, beziffern
number Nummer, Zahl, Anzahl, Ziffer
numbering Numerierung, Bezifferung
numerator Zähler (Bruch)
numerical control IEEE numerische Steuerung
nut (Schrauben-)Mutter
nutating-piston meter IEEE Taumelscheibenzähler
nuts Nusskohlen
nylon reinforced nylonverstärkt

O

O-ring Dichtungsring mit rundem Querschnitt
oakum Kalfaterwerg
object Ding, Gegenstand
oblate abgeplattet, abgeflacht
oblateness Abplattung
oblique schief, schräg
obliqueness Schräge, Schrägstellung
obliterated verwaschen (Bild)
obliteration Auslöschung, Tilgung
oblong Rechteck, länglich, verlängert
obscuration Verdunkelung
obscure, to verdunkeln, verdecken
obscured glass Milchglas, Mattglas
observation Überwachung, Beobachtung
observatory Sternwarte
observe, to beobachten, messen, beachten
observer Beobachter
obsolete veraltet
obstacle Hindernis, Widerstand
obstruct, to verstopfen, behindern, hemmen
obstructive hinderlich
obtain, to empfangen, erhalten, gewinnen, erreichen
occupation Beruf, Besetzung
occupational beruflich
occupy, to beschäftigen, besetzen, belegen, einnehmen
occurrence Ereignis, Vorkommen, Verbreitung
oceanography Meereskunde
octagon Achteck, Achtkant
octagonal achteckig, achtkantig
octane Oktan
octet shell Achtpolröhre
octode Oktode, Achtpolröhre
octuple, to verachtfachen
odd ungerade, unpaarig
oddments Einzelstück (Ladung), Ladereste
odour control Geruchsbeseitigung
off ausgeschaltet, abgeschaltet geschlossen
off-site ausserhalb der Baustelle
off-the shelf ab Lager
offal Abfall
offcut Verschnitt, Abfallpapier
offer, to anbieten, offerieren
office Amt, Büro
offset, to versetzen, abbiegen, absetzen
offset IEEE Absatz, Kröpfung, Abbiegung, Versetzung
offtake Abzugskanal, Ableitungsrohr
ohmic resistance IEEE ohmscher Widerstand, Resistanz
oil, to ölen, schmieren
oil Öl
oiled geölt, geschmiert
oiler Öler, Schmierkanne
oilskin Ölzeug
oleic acid Ölsäure
omission Wegfall, Auslassung
omit, to weglassen, auslassen
on-line IEEE eingegliedert, mitlaufend
on-line-computer Prozessrechner
ondometer Frequenzmesser, Wellenmesser

onset Einsatz, Beginn
ooze, to durchsickern, langsam austreten
oozing basin Sickerbecken
opaque trüb, milchig
open, to öffnen, unterbrechen, trennen, einmünden
open-air IEEE Freiluft...
opening Öffnung, Loch, Kanal, Durchführung, Mündung
open-loop control IEEE (rückführungslose) Steuerung
operable IEEE betriebsbereit
operand IEEE Rechengrösse
operate, to IEEE bedienen, betätigen, handhaben, arbeiten
operating IEEE Betrieb, Betätigung, Betriebs...
operation IEEE Bedienung, Betätigung, Betrieb, Verfahren
operational betrieblich, betriebsmässig
operations area Bedienungsbühne
operator Bedienungsmann, Arbeiter, Maschinenarbeiter
oppose, to entgegenwirken
opposed entgegengesetzt, gegenläufig, Gegen...
opposing electric fields IEEE elektrische Gegenfelder
opposite Gegenteil
opposite number Gegenüber
optic IEEE Optik..., optisch, Seh...
optics Optik
optimal optimal, Best...
optimisation Optimierung
optimise, to optimieren
optimiser Optimisator, Optimierungseinrichtung
optimising control Bestwertregelung

optional wahlweise
OR-buffer IEEE ODER-Schaltung
OR-circuit IEEE ODER-Schaltung
OR-element IEEE ODER-Glied
OR-ELSE IEEE ENTWEDER ODER
OR-gate IEEE ODER-Glied, ODER-Schaltung
orbit, to in Umlauf bringen, auf eine Umlaufbahn bringen
orbit Bahn, Umlaufbahn, Kreisbahn
orbital Bahn..., Hüllen...
order, to bestellen, befehlen
order Auftrag, Befehl, Ordnung, Grössenordnung
ordinary gewöhnlich, ordentlich, normal
ore Erz
orifice, to drosseln
orifice IEEE Düse, Öffnung, Mündung
origin Ursprung, Ausgangspunkt
original Original..., original, ursprünglich
originate, to entstehen, herrühren, seinen Ursprung haben
orphan (alte) Maschine, für die keine Ersatzteile erhältlich sind
orphitron Rückwärtswellenoszillatorröhre
orthojector circuit-breaker Ölstrahlschalter
oscillate, to schwingen, oszillieren
oscillating IEEE Schwingung(s...)
oscillating circuit IEEE Schwingkreis
oscillation IEEE Schwingen, Schwingung, Oszillation
oscillator IEEE Oszillator, Schwingungserzeuger, Schwinger

oscillatory oszillierend, schwingend
oscillograph loop Oszillographenschleife
oscillograph valve Oszillographenröhre
oscillometer Dekameter, DK-Meter
oscilloscope IEEE Oszillograph, Oszilloskop
osculating Krümmungs...
osculation Berührung
osmosis Osmose
Otto cycle Otto-Verpuffungsverfahren
Otto engine Ottomotor
ounce Unze (28,34953 g)
out-of-balance Unwucht
out of step IEEE nicht synchron, aus Phase gefallen
outboard bearing Nebenlager, Gegenlager, Aussenlager
outburst Ausbruch
outdated veraltet
outdoor IEEE Freiluft..., Frei..., aussen, draussen
outer Aussenleiter
outer aussen befindlich, Aussen...
outermost am weitesten aussen, äusserst
outfall Abflussleitung
outfit Ausrüstung, Ausstattung Geräte, Apparatur
outflow, to abfliessen, ausfliessen, ausströmen
outflow Ausfluss, Abflussmenge, Auslass
outgas, to entgasen
outgoing abgehend, austretend, abgegeben
outgrowth of crystals Kristallwachstum

outlast, to überdauern, länger halten als
outlet Austritt, Auslass, Steckdose
outline, to umreissen, aufzeichnen
outline Umriss, Begrenzung, Zeichnung
outperform, to in der Leistung übertreffen
outphase, to phasenverschieben, aus der Phase bringen
outphased phasenverschoben
output IEEE Leistung, Ausgang, Förderung, Produktion, Ausstoss
outreach Ausladung
outrigger Ausleger
outside Aussenseite, Aussenfläche, Stirnfläche
outside aussen, ausserhalb, Aussen...
outspeed, to an Schnelligkeit übertreffen
outturn sheet Ausfallmuster
outward Aussen..., äusserer, aussen befindlich
outwash, to auswaschen, ausschlämmen
outwork Heimarbeit
oven Ofen
overal Total..., Gesamt...
overamplification Übersteuerung
overarch, to überwölben
overcharge, to überladen
overcharge Überladung, Überlast, Überdruck
overcurrent Überstrom
overdrive, to übersteuern
overdrive Schnellgang, Schongang
overmodulation Übersteuerung, Übermodelung
overrich mixture zu fettes Gemisch

overrunning Überlaufen, Weiterlaufen
overshoot, to überschwingen
overshoot IEEE Durchschwingen, Überschwingen
oversize Übergrössen, Übermass
overspeed Schleuderzahl
overspeed, to überdrehen
overstress, to überbeanspruchen, überlasten
overtime Überstunden, Mehrarbeit
overtone IEEE harmonische Oberschwingung
overtravel, to überregeln, überschreiten, überschwingen

overtravel Überlauf
overwind, to überdrehen (Uhrfeder)
oxidate, to oxidieren
oxidation IEEE Oxidation, Sauerstoffaufnahme
oxidise, to IEEE oxidieren, Sauerstoff anlagern
oxidulated copper ore Rotkupfererz
oxygen Sauerstoff
oxygenated mit Sauerstoff gesättigt
oxhydrogen Knallgas
ozone Ozon
ozoniferous ozonreich

"Go ahead, ask for something."
(Enquirer, New York)

P

p-conducting IEEE p-leitend
p-donor IEEE p- Donator
p-hole IEEE Defektelektron
p-material IEEE p-leitendes Material
p-n boundary IEEE pn-Grenzschicht
p-n junction IEEE pn-Übergang
p-type IEEE p-leitend, defektleitend
p-type conduction IEEE p-Leitung, Löcherleitung, Mangelleitung
p-type conductivity IEEE p-Leitfähigkeit
pace Schritt, Gangart
pack, to abdichten, stopfen, verpacken
pack Bündel, Paket
package IEEE Paket, kompakte Baugruppe, Verpackungsbehälter
packaging Verpackung
packing Packen, Abdichtung, Dichtungsmittel, Futter
pad, to polstern, wattieren
pad IEEE Kissen, Polster, Puffer, Stossdämpfer, Dämpfungsglied, Schreibblock
paddle Schaufel, Rührarm
padlock Vorhängeschloss
page, to paginieren, umbrechen
page Seite
pail Eimer
paint, to malen, anstreichen, tünchen
paint Farbe, Anstrich, Überzug
pallett Werkstückträger, Ladeplatte, Palette
pan Schale, Pfanne, Napf, Schüssel, Trog

pancake coil Scheibenspule, Flachspule
pane, to aushämmern
pane Scheibe, Tafel, Pinne
panel IEEE Tafel, Platte, Feld, Beplankung
panelling Täfelung, Wandbekleidung, Seitenverkleidung
panscales Kesselstein
paper Papier, Zeitung, wissenschaftliche Abhandlung, Beitrag zu wissenschaftlicher Tagung
parabola Parabel
parabolic parabelförmig, Parabel...
parallel, to parallelschalten
parallel Parallele, Richtschiene
parallel connection IEEE Parallelschaltung
paralleling IEEE Parallelschaltung
paralleling switch Synchronisierschalter
parameter IEEE Parameter (Hilfsvariable), Kenngrösse, Kennwort
parasite Parasit, Schmarotzer
parasitic unerwünscht, parasitär, Wirbel..., Kriech...
particular besonders, partikulär
particulate aus Einzelheiten bestehend
parting Lösen, Trennung, Scheidung
partition IEEE leichte Trennwand, Zwischenwand, Trennung
pass, to durchlaufen, durchfliessen, durchgehen, passieren

pass Durchgang, Arbeitsgang
passage Durchgang, Durchlauf, Übergang
passed for press für den Druck freigegeben
passenger Fahrgast, Passagier
passing Durchgang, Durchfluss, Durchfahrt
passivate, to passivieren
passivating IEEE Passivierung
past gegen, vorbei
paste, to bekleben
paste IEEE Paste, Kleister, Klebstoff
patch, to ausbessern, flicken, zusammenschalten
patch Flickstelle, Fleck, Korrekturbefehl
patchboard Stecktafel, Buchsenfeld
patchcord Verbindungskabel, Steckerschnur
patent, to patentieren lassen
patentable patentierbar
patentee Patentanmelder, Patentinhaber
path IEEE Bahn, Weg, Verlauf, (Strom-)Pfad
pattern IEEE Muster, Zeichnung, Schablone, Ausführung, Schema
pave, to pflastern
pavement Pflasterung, Gehweg, Strassendecke, Fahrbahn
pawl, to einrasten, einklinken
pawl Schaltklinke, Sperrklinke, Sperrhebel, Mitnehmerklinke
pay, to bezahlen, entlohnen
pay Bezahlung, Gehalt, Lohn, Heuer
payable zahlbar
payload Nutzlast
payment Bezahlung, Entlohnung

peacock ore Buntkupferkies, Bornit
peak IEEE Spitze, Gipfel, Höhepunkt, Scheitelwert
peak current IEEE Spitzenstrom, Scheitelstrom
peakedness Kurvensteilheit
peaking Spitzenwertbildung
peaking network Entzerrungsschaltung
pebble Kieselstein
pebbles körnige Trägersubstanz, Körner
pedal Pedal, Fusshebel, Tritt
pedestal IEEE Sockel, Bock, Auflager, Ständer
peel, to abschälen, abblättern, entrinden
peen, to aushämmern, ausrichten
peep hole Schauloch
peg, to verstiften, verdübeln
peg Stöpsel, Dübel, Drehstift
pellet Kügelchen, Pille, Perle, Tablette
Peltier cell IEEE Peltier-Zelle
Peltier-effect IEEE Peltier- Effekt
Pelton turbine Peltonturbine, Freistrahlturbine
pen Feder, Einsatz
pencilled drawing Bleistiftzeichnung
pendant IEEE schwebend; Schwebe...
pendant Schwenkarm, Hängelampe
pending angemeldet, beantragt
pendulous Pendel..., pendelartig
pendulum Pendel
penetrate, to durchdringen, eindringen, einsickern
penetration Durchdringung, Eindringen

penetrative durchdringend, Durchdringungs…, Durchschlags…
penstock Rohrzuleitung, Druckleitung, Düsenstock
pentagrid Heptode, Siebenpolröhre
penthouse Schutzdach, Anbau
pentode IEEE Pentode, Fünfpolröhre
perceivable wahrnehmbar
perceptible erkennbar
perception Wahrnehmung, Empfindung
perch, to beschauen, absuchen
perch Stange, Längenmass (5½ yard)
perchlorate Perchlorat, Salz der Perchlorsäure
percolation Sickerung, Durchsickerung
percolator Perkolator, Filtrierapparat
percuss, to abklopfen
percussion Schlag, Stoss, Erschütterung
percussion drilling Schlagbohrverfahren
percussion drilling machine Schlagbohrmaschine
perfect, to vervollkommnen, vollenden
perfect vollkommen, einwandfrei
perfection Vervollkommnung, Vollendung
perforate, to durchbohren, perforieren, lochen
perforating Perforieren, Lochen
perforation Perforation, Lochung
perforator IEEE Locher, Stanzer
perform, to ausführen, leisten

performance IEEE Kenndaten, Leistungsfähigkeit, Betriebsverhalten
performance check IEEE Funktionsprüfung
performance test Funktionsprüfung, Abnahmeprüfung, Leistungsprüfung
perigon Vollwinkel (360°)
perimeter Umfang, Umriss
period IEEE Dauer, Periode, Frist, Schwingungsdauer
periodic periodisch, Perioden…
peripheral IEEE peripher, Umfangs…, Rand…
periphery IEEE Umfang, Peripherie
periscope Periskop, Sehrohr
perishables leicht verderbliche Güter
permanence IEEE Permanenz, Dauer, Beständigkeit
permanent IEEE permanent, dauernd, bleibend, ständig, Dauer…
permeability IEEE Durchlässigkeit, (magnetische) Permeabilität
permeable durchlässig, durchdringbar, permeabel
permeance Permeanz, magnetischer Leitwert
permeate, to durchdringen, durchfluten
permeation Durchdringung, Sättigung
permissibility Zulässigkeit
permissible IEEE zulässig
permit, to erlauben, zulassen, aufnehmen
permitivity IEEE Dielektrizitätskonstante
permutation Vertauschung, Permutation

permutator
  Kommutatorgleichrichter
perpendicular senkrecht,
  rechtwinklig
perpetual beständig, ewig
Persian leather Indisches Leder
persist, to beharren, bestehen
  bleiben, nachleuchten
  (Kathodenstrahlröhre)
persistence IEEE Beständigkeit
  Persistenz, Nachleuchtdauer
  (Kathodenstrahlröhre)
persistent resonator schwach
  gedämpfter Resonator
personnel Belegschaft,
  Mannschaft
perspex Plexiglas (Handelsname)
perturbation Störung, Störeffekt
pervious durchlässig, permeabel
perviousity Durchlässigkeit
pet cock Probierhahn,
  Kondenswasserhahn,
  Kompressionshahn
petrification Verhärtung,
  Versteinerung
petrified versteinert
petrify, to versteinern
petrochemical Erdölchemie...,
  petrochemisch
petrol Benzin
petticoat Isolatorglocke
pewter Weissmetall
pewtery Zinngiesserei
pH-acidometer pH-Messer
pH meter IEEE pH-Messgerät
phanotron IEEE Phanotron,
  ungesteuerte Gleichrichterröhre
phantom IEEE Phantom,
  Phantomschaltung,
  Viererschaltung

phase, to in Phase bringen,
  gleichphasig machen
phase IEEE Phase
phase advancer IEEE
  Phasenschieber
phase balance relay
  Phasenunterbrechungsrelais
phasing IEEE Phaseneinstellung
phenomenon Phänomen, Effekt,
  Erscheinung
phial Phiole, Flakon, gläsernes
  Fläschchen
phone, to telefonieren
phone Telefon
phone Hörer, Kopfhörer
phonic phonisch
phonogram Tonaufzeichnung,
  zugesprochenes Telegramm
phonograph IEEE Plattenspieler
phonometer Phonometer,
  Lautstärkemesser
phosphate, to phospatieren
phosphate Phosphat, Salz der
  Phosphorsäure
phosphoresce, to phosphoreszieren
phosphorus Phosphor
photoactive fotoaktiv, lichtelektrisch
photocell IEEE Fotozelle,
  lichtelektrische Zelle
photoconductive fotoleitend,
  lichtelektrisch
photoelectric IEEE fotoelektrisch,
  lichtelektrisch
photoemitter Fotoemitter,
  Fotokathode
photograph Fotografie
photon IEEE Photon, Lichtquant
photophone Lichttelefoniegerät
photoradio transmission Bildfunk
photoresistor Fotowiderstand

photosensitive lichtempfindlich
photosensitive, to lichtempfindlich machen
photostat Fotokopie
photostimulated durch Licht angeregt
physical physikalisch
physicist Physiker
physics Physik
pick, to sammeln, auslesen, sortieren, auswählen
pick Hacke, Haue, Schrämmeissel
picker Anfangsbohrer
pickle, to pickeln, ätzen, beizen
pickle Beize, Pökellauge
picklock Dietrich
pick-off Fühler, Messfühler
pictorial bildlich, illustriert
picture Bild
piece Stück, Werkstück, Bauteil
piece by piece stückweise
piece of work Werkstück
pierce, to lochen, durchbohren, perforieren, stanzen
pierced solder tag Lötöse
piercer Lochstanze
piercing Lochen, Perforieren
piezoelectric IEEE piezoelektrisch, druckelektrisch
pig, to Roheisen zugeben
pig Barren, Block
pigtaily Lötfahne, Lötöse, geflochtene Litze
pile, to schichten, stapeln, rammen
pile Haufen, Stapel, Pfahl
pilfer-proof abschraubsicher
pilger mandrel Pilgerdorn, Pilgermandrill
pillar Pfeiler, Pfosten, Säule, Ständer
pillow Zapfenlager

pilot, to führen, steuern, lenken
pilot Pilot, Lotse, Führungszapfen, Kraftschalter, Schnellverstärker
pilot plant IEEE Versuchsanlage
pin, to verstiften, verbinden, verbohren
pin IEEE Stift
pinch, to zusammendrücken, kneifen, klemmen, quetschen
pinch Quetschung
pinched base Quetschfuss (Röhre)
pinching Blockierung, (ungewollte) Sperrung von Röhren
ping, to klingeln (Motor)
pinhole feines Loch
pinion Ritzel, Kammwalze, Nuss
pinking (leichtes) Klopfen des Motors
pinned verstiftet
pinpoint, to genau festlegen
pinpoint accuracy höchste Genauigkeit
pint Pint (0,568 l in GB; 0,473 l in den USA)
pintle Gelenkstift, Achse, Zapfen, Düsennadel
pip kurzer Impuls
pipage Rohrnetz, Rohrlegung
pipe, to (in Rohrleitung) leiten
pipe Rohr, Leitungsrohr
piping Rohranlage, Rohrnetz, Verlegung von Rohren
piston IEEE Kolben, Stempel
pit Vertiefung, Grube
pitch, to errichten, aufstellen werfen, schleudern, neigen, teeren
pitch IEEE Pech, Ganghöhe, Steigung, Abstand, Neigung
pitchblende Pechblende
pitchy pechartig

Pitot tube Pitotrohr
pitted narbig (Oberfläche)
pitting Lochfrass, Auskolkung
pittings Lochfrasskorrosion
pivot, to gelenkig verbinden, (sich) um einen Zapfen drehen
pivot IEEE Zapfen, Tragzapfen, Wellenzapfen, Drehpunkt
pivotally mounted gelenkig angebracht
pivoted drehbar gelagert, drehbar eingesetzt
pivoting Drehung, Zapfenlagerung
pivoting drehbar, schwenkbar
place, to anordnen, plazieren, anlegen
placing Aufsetzen, Aufstellen, Anordnen
plain eben, flach, blank, unlegiert, einfarbig
plaited filter Faltenfilter
plan, to planen, entwerfen
plan Plan, Entwurf, Zeichnung
planar plan, eben
planchet Platine, Rohling
plane, to glätten, hobeln
plane plan, eben
planer Hobelmaschine
planetary planetarisch, Planeten…
planish, to glattwalzen, polierschlagen
planished sheet poliertes Blech
planisher Richtmaschine
planmilling Fräsen mit Planetenspindel-Fräsmaschine
plant IEEE Anlage, Betrieb, Werk
plasma physics IEEE Plasmaphysik
plastainer Kunststoffbehälter
plaster Putz, Putzmörtel

plate, to plattieren, überziehen, mit Schutzschicht versehen
plate IEEE Platte, Blech
plated plattiert, metallüberzogen, plattenförmig
plateworking machine Blechbearbeitungsmaschine
platform Bühne, Bedienungsstand, Plattform
plating IEEE Galvanisierung, galvanischer Überzug
platinum Platin
play Spiel(raum), Luft (Lager)
play back, to zurücklesen (gespeicherte Information)
playback IEEE Abspielen, Wiedergabe
pleat, to falten
pleat Falte
pleating Faltung
pliability Biegsamkeit, Geschmeidigkeit
pliable biegsam, geschmeidig
pliant biegsam, geschmeidig
pliers Zange, Kombizange, Kneifzange
plot, to aufzeichnen, auftragen, eintragen, diagrammatisch darstellen
plot Diagramm, Kurvenbild
plotter IEEE Kurvenschreiber, Zeicheneinrichtung
plug, to verstopfen, stöpseln
plug-in IEEE Einsteck…, Steck…
plug into connection, to an die Steckdose anschliessen
plug IEEE Pfropfen, Stöpsel, Stecker, Zündkerze
plugger Handbohrhammer
plugging Verstopfen, Verstopfung

plumb, to bleien, löten, verlöten
plumb Lot, Senkblei
plumb lotrecht, im Lot
plumbago Graphit
plumbe künstliches Echo (Radar)
plumber Klempner, Installateur
plumbing IEEE Klempnerarbeit, Loten
plumbism Bleivergiftung
plummer block Lauflager
plummet Lot, Senkblei
plunge, to eintauchen, versenken
plunger Druckkolben, Stössel, Plunger, Kolben
pluviometer Regenmesser
ply Schicht, Furnierplatte
plywood Sperrholz
pneumatic IEEE pneumatisch, Druckluft...
pneumatic tube conveyor Rohrpost
pneumatics Pneumatik, Mechanik der Gase
pocket Tasche, Sack
pocketing Gesenkfräsen
pockwood pillow Pockholzlager
pod Sockel, Halter
point, to spitzen, schärfen
point IEEE Punkt, Spitze, Stelle, Nadel
pointed spitz, zugespitzt, Spitz...
pointer IEEE Zeiger, Zunge
points Weiche
pointsman Weichensteller
poise, to balancieren, konstant halten
poise Gleichgewicht, Gewicht
poison Gift
poisoning Vergiften, Einbrennen (Röhre)
poke, to stochern, schüren

poker Schürer, Schürstange
polar polar, gerichtet, polig
polariscope Polarisationsapparat
polarity IEEE Polarität
polarisable polarisierbar
polarise, to polarisieren
pole, to polen
pole IEEE Mast, Stange, Pol
polish, to polieren, glätten, schlichten
polish Politur, Glanz, Glätte
polishing Polieren, Glanzschleifen
poll, to kappen, beschneiden
pollute, to verunreinigen, verschmutzen
pollution Verunreinigung, Verschmutzung
polygon Vieleck, Polygon
polygonal vieleckig, vielkantig, polygonal
polymer Polymer, Polymerisat
polymeric polymer
polynuclear mehrkernig
polyphase IEEE mehrphasig
ponderable wägbar
pony motor Anwurfmotor
pool, to ausstemmen, ausmeisseln
pool Schmelzbad (Schweissen)
poor schlecht, geringwertig
poorly conducting schlecht leitend
poorness Minderwertigkeit
pop mark Messmarke
poppet Spannbock, Spannschraube, Ventilkegel
populated besetzt, bevölkert
population Gesamtheit, Bevölkerung
porcelain Porzellan
porcupine Nadelwalze
pore kleine Öffnung, Pore

pork pie furnace Maerz-Boelens-Ofen
porosity Porosität
porous porös, porig
port Tor, Öffnung
portable IEEE transportabel, tragbar, ortsbeweglich
portal crane Portalkran
porthole Bullauge
portion Anteil, Menge
portrait size Hochformat
position, to positionieren, in Stellung bringen, orten
position IEEE Lage, Stellung, Position
position finder Ortungsgerät
positioning IEEE Positionierung, Punktsteuerung (Werkzeugmaschine)
positive IEEE positiv, fest
positively actuated zwangsläufig betätigt
post, to absenden
post IEEE Pfosten, Säule, Pfeiler, Stütze
postal service Postdienst
pot, to giessen, ausgiessen
pot Topf, Tiegel, Gefäss, Kübel
potable trinkbar
potassium Kalium
potential IEEE Potential, Spannung
pothead IEEE Kabelendmuffe
potted capacitor Becherkondensator
pound, to zerstossen, schlagen, klopfen
pound Pfund; USA: 0,3732 kg; GB: 0,45359 kg
pounder Stössel
pour, to giessen, schütten
pour point Stockpunkt

pourable vergiessbar
pouring Vergiessen, Abguss
powder, to pulverisieren, zerreiben, mahlen
powder Pulver, Puder
powdered pulverisiert
power IEEE Leistung, Stärke, Potenz, Kraft, Kapazität
powerful leistungsfähig
practicable durchführbar, erreichbar, anwendbar
practical praktisch, verwendbar
practice Praxis, Übung Ausführung
practise, to ausführen, durchführen, praktisch anwenden
pre-... Vor...
precaution Vorsichtsmassnahme
precious edel, kostbar
precipitate, to (sich) niederschlagen, absetzen
precipitate Niederschlag, Abscheidung
precipitation Ausfällung, Ausscheidung
precise genau, präzis
precision IEEE Präzision, Genauigkeit
precoat, to grundieren
precoat Grundierung, Grundanstrich
predecessor Vorgänger
predetermination Vorausberechnung
predetermine, to vorausberechnen
prediction Vorhersage
prefabricate, to vorfertigen
prefabricated vorgefertigt
prefabrication Vorfertigung
prefix (signal) IEEE Vorbereitungszeichen, Vorimpuls

preheater IEEE Vorwärmer, Vorerhitzer
preliminary Vor..., einleitend, vorbereitend
premature vorzeitig
preparation Vorbereitung, Aufbereitung
preparatory vorbereitend
prepare, to vorbereiten, vorrichten
preselection Vorwahl
preselector IEEE Vorwähler, Vorwahlschalter
presentation Darstellung
preservation Konservierung, Erhaltung
preserve, to konservieren, erhalten
preset, to IEEE voreinstellen, vorgeben
presetting IEEE Voreinstellung
press, to pressen, drücken, verdichten, quetschen
press Presse
pressboard Presspappe, Pressspan
pressure IEEE Druck
pressurise, to unter Druck setzen
pressuriser Druckregler, Druckbehälter
prestore, to vorspeichern
prestress, to vorspannen
preventive Schutzmittel
prick, to stechen (mit Nadel)
prickle Dorn, Stachel
prillion Schlackenzinn
primary IEEE Primär..., primär
prime, to grundieren
prime teilerfremd (Math.), Prim...
primer Grundierung, Anlasskraftstoff
principal Haupt...
principle Prinzip

print, to drucken, schreiben
print Druck, Kopie, Lichtpause
printed gedruckt
printed circuit IEEE gedruckte Schaltung
printer IEEE (Messwert-)Drucker
printing Drucken, Kopieren, Lichtpausen
prism Prisma
pritchel Lochdorn
probability Wahrscheinlichkeit
probable wahrscheinlich
probe IEEE Sonde, Messfühler
procedure Verfahren, Prozedur
proceed, to vorgehen
proceed-to-dial (Wähl-)Bereitschaftszeichen
proceeding Vorgehen, Arbeitsgang
proceeds Reinertrag, Gewinn
process, to bearbeiten, fertigen, verarbeiten
process Prozess, Verfahren, Methode
processor IEEE Prozessor, Verarbeitungsgerät
processible verarbeitbar
produce, to herstellen, erzeugen, produzieren
producer Hersteller
product Produkt, Erzeugnis
productive produktiv, leistungsfähig
productivity Produktivität
profession Beruf
professorship Professur, Lehrstuhl
profile, to fassondrehen, profilieren
profile milling machine Kopierfräsmaschine, Nachformfräsmaschine
profiled profiliert, geformt, Form...
profiler Kopierfräsmaschine

profitability Rentabilität
profitable rentabel
programme, to programmieren
programme control IEEE Programmsteuerung
programmer Programmierer
progress Fortschritt, Vorwärtsbewegung
progression Folge, Reihe
progressive fortschreitend
progressive scanning fortlaufende Abtastung
project, to projizieren, projektieren
projecting vorspringend, vorstehend, ausladend
prolate verlängert, ausgedehnt
prolong, to verlängern, ausdehnen
prolongation Verlängerung, Ausdehnung
prong Gabel, Zacken, Kontaktstift
proof, to dicht machen, abziehen
proof Abzug, Beweis, Dichtigkeit
proof beständig, dicht
proofing Dichteprüfung
prop, to absteifen, abstützen
prop Stütze, Steife, Pfahl
propagate, to sich fortpflanzen, vordringen, sich ausbreiten
propagation IEEE Ausbreitung, Fortpflanzung
propane Propan
propel, to vorwärtstreiben
propellant Treibstoff, Treibladung
propeller, Propeller, Schraube (Schiff, Flugzeug usw.)
proper sachgemäss, angemessen
property Eigenschaft
proportion, to bemessen
proportion Verhältnis, Proportion
proportioned dimensioniert

proportioning Dimensionierung, Zumessung
proposed scheme Anlageprojekt
proposition Satz, Lehrsatz
propulsion Antrieb
propulsive Antriebs...
prospective current IEEE theoretisch zu erwartender Strom
protect, to schützen
protected IEEE geschützt, Schutz...
protecting IEEE schützend, Schutz...
protection IEEE Schutz
prototype Ausgangsbautyp, Muster, Prototyp
protract, to verlängern, zeichnen
protractor Winkelmesser, Transporteur
protrude, to herausragen, vorstehen
provable beweisbar
prove, to beweisen, sich erweisen
provide, to vorsehen, liefern, sorgen für
provisional vorläufig, provisorisch
proximity Nähe, Nachbarschaft
proximity fuse Näherungszünder
proximity switch IEEE Näherungsschalter
Prussian blue Berliner Blau, Preussischblau
pry Brecheisen, Hebezeug
public address system Lautsprecheranlage
publication Veröffentlichung
publish, to veröffentlichen
publisher Verleger, Verlag
puck Scheibe
puddle, to puddeln, stochern
pull, to ziehen, zerren
pull in, to einziehen (Kabel)

pull Zug, Zugkraft
pull switch Zugschalter
pulley Flaschenzug, Rolle,
pulp, to zu einem Brei anrühren, einstampfen
pulp Brei, Masse, Pulpe
pulsate, to pulsieren, schwingen, schütteln
pulsation IEEE Schwingung, Schwankung
pulse IEEE Impuls, Stoss
pulse code modulation IEEE Pulscodemodulation
pulsed impulsgesteuert
pulsing IEEE Impulsgabe
pulverisation Feinmahlung, Pulverisierung
pulverise, to feinmahlen, puverisieren
pummel Stampfer, Ramme
pump, to pumpen
pump Pumpe
pumpage Pumpwirkung
pun, to rammen, stampfen
punch, to lochen, ankörnen, stanzen
punch Stempel, Locheisen
punch and form shaper Form- und Stempelhobelmaschine
punch card IEEE Lochkarte
puncheon Stempel, Pfosten, Ständer
puncher Lochstanze
punctiform punktförmig
puncture, to punktieren, durchstechen
puncture Einstich, Reifenpanne
pungent scharf (schmeckend)
pupin coil IEE Pupinspule
pupinised cable IEEE pupinisiertes Kabel
purchase Kauf
purchasing department Bestellungsabteilung, Einkaufsabteilung
pure rein, gediegen
purification Reinigung, Aufbereitung
purifier Reinigungsgerät
purify, to reinigen
purity Reinheit, Feingehalt
purl, to wirbeln, rieseln
purple Purpur
purpose Zweck, Aufgabe
push, to stossen, drücken, schieben
push Stoss, Schub
push-button IEE Druckknopf, Drucktaster
push-pull cascade Gegentaktstufe
put, to setzen, stellen, legen
put in circuit, to einschalten
put into operation, to in Betrieb setzen
put off load, to völlig entlasten
put through, to durchstellen (Telefon)
putting out of action ausser Betrieb setzen
putty, to spachteln, auskitten
putty Spachtelmasse, Kitt
pylon Mast, Pylon

Q

quad, to zum Vierer verseilen
quad IEEE Vierererkabel
quadding machine Verseilmaschine
quadrate, to quadrieren
quadrature-axis component IEEE Querfeldkomponente
quadruple vierfach
qualify, to sich qualifizieren
quality Qualität, Güte
quality of finish Oberflächengüte
quantity Menge, Masse, Betrag, Quantität
quantity of electricity Elektrizitätsmenge
quantity production Massenherstellung, Serienfertigung
quart Volumeneinheit; 1,1361 (GB), 0,9461 (USA)
quarter Viertel, Quartier
quartz Quarz

quench, to löschen (Lichtbogen), abschrecken (Stahl)
quench Abschreckmittel
quenching IEEE (Lichtbogen-)Löschen, Abschrecken, Härten
quenching chamber IEEE Löschkammer
quenching yoke Löschdrossel
quick access store IEEE Schnellzugriffspeicher
quicksilver Quecksilber
quiescent ruhend, ruhig
quiet ruhig, geräuscharm
quieting Geräuschdämpfung
quietness Geräuschlosigkeit
quiet in operation ruhiger Lauf
quill, to falten, knittern
quill Hülse, Pinole
quinary quinär, zur Basis 5
quintuple fünffach
quirk Hohlkehle, Nut

The world is full of willing people. Some are willing to work and the others are willing to let them – but sometimes not.

R

rabbet, to fugen, falzen
rabbet IEEE Fuge, Falz
rabble, to rühren
race, to durchdrehen (Motor)
race Wettfahrt, Strom, Strömung, Laufbahn
racer Laufring (Lager)
raceway Kabelkanal, Leitungsrohr, Laufbahn (Lager)
rack, to stapeln, einlegen
rack IEEE Regal, Gestell, Zahnstange
rack assembly Gestelleinschub
radar IEEE (radio detection and ranging) Funkmesstechnik
radial radial, sternförmig
radiant Radiant (Bogenmass)
radiant strahlend
radiate, to strahlen, (aus)senden
radiation IEEE Ausstrahlung
radiative strahlend
radiator Radiator, Heizkörper, Kühler
radio IEEE Radio, Rundfunk, Funk...
radio direction finder IEEE Funkpeiler
radioactive (radio)aktiv
radioactivity Radioaktivität
radiobiology Strahlenbiologie
radiogram Funktelegramm, Röntgenaufnahme
radiograph, to durchstrahlen, röntgen
radiograph Röntgenaufnahme
radiography Radiographie
radiologist Radiologe, Röntgenfacharzt
radiology Radiologie
radionavigation Funknavigation
radiotron Summerröhre
radix Wurzel, Basis
radome IEEE Radarkuppel
raft Floss
rag, Lappen, Lumpen
ragged zackig
railing Reling, Geländer
rail Schiene, Führung, Geländer
rainproof regendicht
raise, to (hoch)heben, erhöhen, aufstellen
raise IEEE Erhöhung, Steigerung
rake, to rechen, schüren
ramification Verzweigung, Gabelung, Aufspaltung
ramify, to verzweigen, gabeln,
rammer Ramme, Stampfer
ramp, to steigen, fallen
ramp Rampe
random Zufall
random zufällig, regellos, wahllos
random acces IEEE wahlfreier Zugriff (Rechenspeicher)
random access storage IEEE Speicher mit beliebigem Zugriff
range, to sich erstrecken, reichen, einordnen
range Bereich, Strecke, Reichweite
rank Rang, Reihe
rap, to abklopfen, losklopfen
rapid schnell, Schnell..., Eil...
rapidity Schnelligkeit, Geschwindigkeit
rarefied evakuiert, verdünnt
ratch Sperrstange

ratchet Sperre, Ratsche, Klinkenrad
rate, to bemessen, taxieren, auslegen
rate Rate, Grösse, Menge, Wert
rate of air flow Luftdurchflussmenge
rated IEEE bemessen, Nenn…, Nominal…
rated voltage IEEE Nennspannung
rating IEEE Auslegung, (Nenn-)Leistung, Nennbereich
ratio IEEE Verhältnis, Übersetzung
rationalise, to rationalisieren, rational machen
rattles Rattern, Rattergeräusch
raw roh, unbearbeitet, unverarbeitet
rawness Rohzustand
RC network IEEE RC-Schaltung, RC-Glied
reach, to erreichen
reach Reichweite, Strecke, Bereich
react, to reagieren, einwirken, entgegenwirken
reactance Reaktanz, Blindwiderstand
reaction Reaktion, Gegenwirkung, Rückwirkung
reactive reaktiv, reagierend, reaktionsfähig
reactive power IEEE Blindleistung
reactor IEEE Reaktor, Drossel(spule)
read, to (ab)lesen, abtasten
read proofs, to Korrektur lesen
read-only memory IEEE Auslesespeicher
readable (ab)lesbar
readjust, to verstellen, nachstellen
readjustable nachstellbar
readjustment IEEE Nachstellung, Verstellung, Nachregelung
ready for operation betriebsbereit

real reell (Zahl)
real measure Sollmass
real time IEEE Echtheit, Realzeit
realign, to nachrichten
ream, to reiben, aufreiben
reamed bolt Passschraube, eingepasste Schraube
reamer Reibahle, Räumer
reaming Reiben, Ausreiben
reanneal, to nachglühen
rear Rückseite, Hintergrund
rear Hinter…, rückwärtig, hintere
rearrange, to neu ordnen, umordnen
rearrangement Umordnung, Neuordnung
reassemble, to wieder zusammenbauen
rebalance, to nachwuchten
rebalancing Nachwuchten
rebate Falz, Vergütung, Rabatt
rebated gefalzt, genutet
rebating cutter Falzfräser
rebore, to nachbohren
rebound, to abspringen, zurückprallen
rebound Rückprall, Rückschlag, Rückstoss
rebuild, to wiederaufbauen, umbauen
rebuilding Wiederaufbau, Umbau
recalibrate, to nacheichen
recalling key Rufschalter
receipt of goods Wareneingang
receive, to erhalten, empfangen, aufnehmen
received band Empfangsband
receiver IEEE Empfänger, Behälter, Auffänger, Steckdose
receptacle IEEE Sammelbecken, Steckdose

reception IEEE Empfang, Annahme, Aufnahme
recess, to einstechen, aussparen
recess Vertiefung, Einstich, Aussparung, Nische
recharge, to nachladen, nachfüllen
recharging Aufladung, Auffüllung
rechuck, to umspannen, wieder einspannen (Werkstück)
recipe Rezept, Vorschrift
reciprocal Reziprokwert
reciprocal reziprok, invers, umgekehrt
reciprocate, to hin- und hergehen
reciprocating engine Kolbenmaschine, Kolbenmotor, Kolbentriebwerk
reciprocation Hin- und Herbewegung
recirculation Umlauf, Wiederaufnahme in den Kreislauf
reckon, to rechnen, errechnen
reclaim, to zurückgewinnen, wiedergewinnen
reclamation Rückgewinnung
reclamp, to umspannen (Werkstück)
reclose, to wiedereinschalten
reclosing fuse IEEE Sicherung mit selbsttätiger Wiedereinschaltung
recoil, to zurückprallen, zurückstossen
recoil Rückprall, Rückstoss
recoller Aufwickeleinrichtung
recombination IEEE Rekombination, Wiederverbindung, Wiedervereinigung
recommend, to empfehlen
recommended value Richtwert

recondition, to instandsetzen, ausbessern, überholen
reconditioning Instandsetzung, Überholung
reconnection IEEE Wiedereinschaltung, Umschaltung
reconstruct, to umbauen, umgestalten, umarbeiten
reconstruction Wiederherstellung, Rekonstruction, Umbau
recool, to rückkühlen
recooling Rückkühlung
recooling tower Rückkühlturm, Rückkühler
record, to aufzeichnen, eintragen, registrieren, schreiben, aufnehmen
record IEEE Aufzeichnung, Eintragung, Registrierung
recover, to wiedergewinnen, sich erholen, bergen
recovery Rückgewinnung, Wiedergewinnung, Bergung
recreation period Erholungspause
rectangle Rechteck
rectangular rechteckig
rectification IEEE Gleichrichtung, Demodulation, Richten
rectifier IEEE Gleichrichter, Entzerrer
rectify, to gleichrichten, entzerren
recuperate, to zurückgewinnen, wiedergewinnen
recurrent sich (periodisch) wiederholend, wiederkehrend
recurrent circuit IEEE Kettenleiter
recycle, to zurückführen, umpumpen, wieder in Umlauf bringen

recycling Wiederverwendung, Rückführung, Wiedereinsetzen
red brass Rotguss, Rotmessing
red lead Bleimennige
reddle Mennige, Roteisenerz
redesign, to umkonstruieren, umarbeiten, umgestalten
reduce, to reduzieren, verkleinern, herabsetzen, vermindern
reducer Reduzierstück, Übergangsstück
reduction Reduktion, Verkleinerung
reduction of cross section Querschnittsverengung
redundancy IEEE Überzähligkeit, Überflüssigkeit, Redundanz
redundant IEEE überzählig, redundant
reed Zunge, Blatt, Ried
reed frequency meter IEEE Zungenfrequenzmesser
reed relay IEEE Schutzgasrelais, Reedrelais, Zungenrelais
reefer (ship) Kühlschiff
reel, to spulen, aufwickeln, abhaspeln
reel Rolle, Spule, Haspel, Aufspuler
reference Verweis, Quellennachweis, Literaturverzeichnis
reference Vergleichs..., Bezugs...
refill, to betanken, nachfüllen
refine, to raffinieren, reinigen, verfeinern
refinery Raffinerie
reflect, to reflektieren, zurückstrahlen, spiegeln
reflection IEEE Reflexion, Spiegelung
reforge, to umschmieden
refract, to brechen (Licht, Schall)

refraction IEEE Brechung, Refraktion
refractories feuerfeste Steine, Schamottsteine
refractoriness Feuerfestigkeit, Feuerbeständigkeit
refractory feuerfester Baustoff
refractory feuerfest, wärmebeständig
refrigerant Kältemittel, Kühlmittel, Kälteträger
refrigerate, to kühlen
refrigerating Kühl..., Kälte...
refrigeration Kälteerzeugung, Kältetechnik, Kühlung
refrigerator Kälteanlage, Kühlschrank
refuel, to nachbunkern, tanken
refuse Müll, Abfall, Kehricht
refusion Schlacke umschmelzen
regain Zunnahme, Wiedergewinnung
regenerate, to regenerieren, auffrischen, wiedergewinnen, wiederaufbereiten
regenerative IEEE regenerierend, wiedererzeugend, rückkoppelnd, selbstansaugend (Pumpe)
regenerator IEEE rückgekoppelter Verstärker, Regenerator, Wärmespeicher
regime Betriebszustand, Betriebsbedingungen
region Bereich, Bezirk, Zone, Fläche
register, to aufzeichnen, eintragen, aufnehmen, zählen
register IEEE Register, Verzeichnis, Tabelle, Zählwerk, Speicherzelle
regrind, to nachschleifen, nachschärfen

regular regulär, regelmässig
regularity Regelmässigkeit, Stetigkeit, Gleichmässigkeit
regulate, to regeln, stellen, stabilisieren
regulating regelnd, Regulier...
regulation IEEE Regelung, Vorschrift
regulator IEEE Regler, Regelschalter
reheat, to anlassen, nachhitzen, tempern
reheat Zwischenüberhitzung, Nachverbrennung, Wiedererwärmung
reheating furnace Nachwärmofen
reinforce, to verstärken, versteifen, abstützen, armieren, bewehren
reinforced concrete Stahlbeton
reinforcement IEEE Verstärkung, Bewehrung, Armierung
reject, to zurückweisen
reject Ausschussteil
rejection IEEE Beanstandung, Zurückweisung
rejector Ausstosser, Sperre, Stromresonanzkreis
rejects Ausschuss, Abfall
relation Beziehung, Verhältnis
relative relativ, verhältnismässig, Relativ...
relaxation Kippen, Erschlaffung, Entspannung, Relaxation
relaxed gelockert, entspannt, entlastet
relay IEEE Relais
relaying device Übertragungseinrichtung
release, to freigeben, auslösen, loslassen, entriegeln, ausspannen
release IEEE Freigabe, Auslösung, Auslöser, Entlastung, Abfall
reliability IEEE Betriebssicherheit, Zuverlässigkeit
relief erhöhte Form, Freiwinkel, Abhebung
relieve, to hinterdrehen, hinterschleifen, entlasten
relieving anode Hilfsanode, Ableitanode
reload, to umladen, neu einlegen
relocate, to verlagern, verrücken, umstellen, umspannen, verstellen, umsetzen
reluctance IEEE Reluktanz, magnetischer Widerstand
reluctivity IEEE spezifische Reluktanz, spezifischer magnetischer Widerstand
remainder Rest, Rückstand
remanence IEEE Remanenz, remanenter Magnetismus
remanent zurückbleibend, remanent
remedy Gegenmittel, Heilmittel
remote entfernt, abseits, Fern...
remote control IEEE Fernbedienung, Fernbetätigung
remotely controlled ferngesteuert, fernbetätigt
removable abnehmbar, auswechselbar
removal Beseitigung, Entfernung, Abnahme
remove, to entfernen, beseitigen, ausbauen, demontieren, abführen
render, to machen, reproduzieren, ausschmelzen
renew, to erneuern, auswechseln
renewable IEEE erneuerbar, auswechselbar

renewal Erneuerung
repair Reparatur, Instandsetzung
repeat, to wiederholen, weitergeben
repeater IEEE Verstärker, Übertrager, Folge...
repel, to abstossen, zurückstossen
reperforation IEEE Empfangslochung
reperforator IEEE Empfangslocher
repetition Wiederholung
repetitive wiederkehrend, sich wiederholend
replace, to ersetzen, auswechseln, erneuern
replacement Ersatz, Auswechslung
replenish, to auffüllen, nachfüllen, tanken
represent, to darstellen, verkörpern
representation Darstellung
reprint Nachdruck, Sonderdruck
reprocess, to wiederaufarbeiten, wieder verarbeiten
reprocessing IEEE Aufarbeitung
reproduce, to reproduzieren, wiedergeben, kopieren
reproduction IEEE Wiedergabe, Reproduktion
repulse, to abstossen
repulse IEEE Rückstoss, Abstossung, Repulsion
repulsion motor IEEE Repulsionsmotor
repulsive abstossend
require, to erfordern, verlangen
reroute, to umleiten
rerun, to wiederholen (Dat.)
rescue Rettung
research Forschung
reseat, to einschleifen, nachschleifen (Ventile)

reserve Reserve
reservice, to instandsetzen, reparieren, aufarbeiten
reservicing Reparatur, Wiederinstandsetzung, Aufarbeitung
reset, to zurückstellen, neu einstellen, zurückgehen, umspannen, umrüsten
reset IEEE Rückstellung, Rückführung, Löschung
residual IEEE Rest..., Eigen..., übrigbleibend, remanent
residuary resistance Formwiderstand
residue IEEE Rückstand, Rest
resile, to zurückfedern, elastisch sein
resilence Zurückspringen, Rückprall, Federwirkung
resiliency Elastizität, Steifigkeit
resilient elastisch, federnd
resin, to harzen, mit Harz tränken
resin IEEE Harz
resist, to widerstehen, aufnehmen, widerstandsfähig sein gegen
resistance IEEE Widerstand, Festigkeit, Beständigkeit
resistant IEEE widerstandsfähig, beständig, fest
resistive IEEE widerstandsfähig, mit Widerstand
resistively loaded ohmisch belastet
resistivity IEEE spezifischer Widerstand, Widerstandsfähigkeit
resistor IEEE Widerstand, Widerstandselement
resistron Resistron
resnatron Resnatronröhre
resoluble lösbar

resolution IEEE Auflösung, Trennung, Trennschärfe
resolve, to auflösen, zerlegen (Kräfte)
resolver IEEE Koordinatenwandler, Vektorzerleger
resonance IEEE Resonanz, Mitschwingen
resonant resonant, mitschwingend
resonate, to auf Resonanz bringen, mitschwingen
resonating circuit Schwingkreis
resonator IEEE Resonator, Schwinger, Schwingkreis
resorb, to resorbieren, aufsaugen, einsaugen
resound, to widerhallen, schallen
respond, to ansprechen, reagieren auf
responder IEEE Antwortsender, Empfänger (Radar)
response IEEE Ansprechen, Anziehen (Relais), Anzeige (Messinstrument), Verhalten
rest, to ruhen, in Ruhelage sein
rest Auflage, Stütze, Schlitten, Support, Stillstand, Ruhe
resting contact Ruhekontakt, Öffner
restoration IEEE Wiederherstellung, Instandsetzung
restore, to wiederherstellen, instandsetzen
restraint Beschränkung, Zwang, Hinderung
restrict, to beschränken, drosseln, verengen
restriction Beschränkung, Einschränkung, Begrenzung
retard, to verzögern, verlangsamen

retardation IEEE Verzögerung, Hemmung, Bremsung
retarder Hemmwerk, Verzögerer
retention IEEE Beibehaltung, Zurückhaltung
retentive zurückhaltend, festhaltend
retort Retorte, Kolben, Destillierblase
retorting destillieren
retouch, to retuschieren
retrace IEEE Rücklaufspur (Kathodenstrahl)
retract, to zurückziehen, einziehen
retractable einziehbar
retransmit, to weitersenden
retransmitter Zwischensender, Ballsender
retreat, to nachbehandeln
retreatment Nachbehandlung
retrieval of digital information Wiederauffinden digitaler Information
retrieve, to wiederfinden, lesen
retro rückwärts, Rück...
retroact, to rückwirken
retroactive rückwirkend, rückgekoppelt
return, to zurückkehren, zurückführen
return Wiederkehr, Rückkehr
reusable wiederverwendbar
reverberate, to zurückwerfen, reflektieren, nachhallen
reversal IEEE Umkehr, Umsteuerung, Umkehrung
reverse, to umdrehen, umsteuern, umschalten
reverse IEEE Umkehr, Umsteuerung, Rücklauf, Gegenstück

reverse umgekehrt, rückwärts, Umkehr…,
reverse biased diode IEEE in Sperrichtung gepolte Diode
reversible umsteuerbar, umkehrbar, umschaltbar
reversion IEEE Umkehr, Rückkehr
revive, to auffrischen
revolution Umdrehung, Umlauf
revolutions per minute Umdrehungen pro Minute
revolve, to (sich) drehen, umlaufen, umdrehen
revolving rotierend, drehbar, Dreh..
rewind, to zurückspulen, umspulen
rewind Rücklauf, Rückwicklung
rewire, to Leitung neu verlegen, neu installieren
rework, to aufarbeiten, umarbeiten
r.f. IEEE radio-frequency (Hochfrequenz)
rheostat IEEE Rheostat, Regelwiderstand
rhomb Rhombus
rhombic rhombisch
rib, to rippen, mit Rippen versehen
rib Rippe, Steife, Spant
ribbed verrippt, durch Rippen versteift
ribbon Band, Streifen
rich reich, reichlich, fündig
rich in harmonics oberwellenreich
ricochet, to abprallen
ricochet Abprall
riddle, to (ab)sieben, durchlöchern
riddle Schüttler
ridge, to riefen, furchen
ridge, Gang (Gewinde), Riefe, Kamm, Rücken
riffle, to furchen, riffeln

riffle Riffelung
riffler Lochfeile, Riffelblech
rift, to aufreissen, springen
rift Schlucht, Kluft, Riss, Spalte
rig, to (Schiff) auftakeln, ausrüsten
rig Vorrichtung, Anlage, Aufbau, Ausrüstung, Gerät, Bohranlage
rigging Verspannung, Takelage (Schiff)
righting Aufrichten
rigid starr, steif, unbiegsam
rigidity Steifigkeit, Starrheit
rimmed unberuhigt vergossen
rimming unberuhigtes Vergiessen (Stahl)
rimose rissig
ring, to klingen, klingeln, läuten (an)rufen
ring Ring, Öse, Anruf
ringer IEEE Rufstromgeber
rinse, to (ab)schwemmen, (ab)spülen, auswaschen
rinsing agent Spülmittel
rip, to zu reissen, auftrennen
rip Riss, Schlitz
ripple, to brummen, riffeln, (sich) kräuseln
ripple IEEE Brummen, Störgeräusch, Welligkeit
ripple filter Welligkeitsfilter, Brummfilter, Glättungsfilter
rise, to (an)steigen, zunehmen, sich steigern, erhöhen
rise IEEE Steigerung, Anstieg, Erhöhung, Zunahme
riser IEEE Steigleitung
rivet, to nieten
rivet Niet(e)
riveted genietet
riveting Nieten, Nietung

rolling Rollen, Walzen
roof Dach, First, Deckel
root Wurzel
rope, to anseilen, seilförmig verdrallen
rope Seil, Tau
ropebelt conveyor Bandförderer
ropy fadenziehend, zäh(flüssig)
rot, to vermodern, verrotten
rot Fäulnis
rotable drehbar
rotary rotierend, drehend, drehbar, Dreh...
rotate, to (sich) drehen, umlaufen
rotation IEEE Drehung, Rotation, Umlaufbewegung
rotor IEEE Läufer, Rotor Laufrolle
rms IEEE root mean square (Effektivwert, quadratischer Mittelwert)
roast, to rösten, abschwelen
robot Automat, Roboter
robotize, to (am.) automatisieren
rock, to schaukeln, wiegen, erschüttern
rock Fels, Gestein
rocker Schwinge, Kipphebel, Wippe
rocket Rakete
rocketeer Raketenfachmann
rocking schwingend, oszillierend
Rockwell hardness Rockwellhärte
rod Stab, Stange Rundstahl
rods Gestänge, Stabstahl
Roentgen apparatus Röntgenapparat
roll, to rollen, walzen
roll Rolle, Walze, Haspel
rolled gewalzt, Walz...
roller Läufer, Rolle, Walze,

rough, to rauh werden, aufrauhen, schruppen
rough rauh, grob
roughen, to aufrauhen
roughing Schruppen, Vorbearbeitung, Grobwalzen
roughness Rauheit
roundness Rundheit
rout, to ausschneiden, ausarbeiten, nachfräsen
route Linienführung, Trassee, Leitungsführung
router Langlochfräser, Nachformfräsmaschine, Grundhobel
routing Ausfräsen, Umrissfräsen, Aushobeln
row Reihe, Schicht, Zeile
rub, to (ab)reiben, abziehen, abwischen
rubber Gummi, Kautschuk
rubbish Müll, Abfall
ruby Rubin
rudder Ruder
rude rauh, unpoliert
rugged kräfig, stabil, nicht störanfällig
ruggedness Unempfindlichkeit, geringe Störanfälligkeit
ruin, to beschädigen, zerstören
ruin Verfall, Baufälligkeit
rule, to anordnen
rule Regel, Anordnung, Schiene
ruler Lineal
run, to laufen (lassen), fahren, betreiben, Kabel verlegen
run Lauf, Verlauf, Gang, Weg, Versuch
runner Läufer, Laufrolle, Laufrad
runway Start- und Landebahn

rupture, to (zer)reissen, zerbrechen
rupture IEEE Bruch, Reissen, Durchschlag (Isolation)
rupturing capacity Ausschaltleistung, Schaltleistung

rush Ausbruch, Andrang, Ansturm
rust, to rosten
rust Rost
rustless rostfrei, rostbeständig
rusty rostig, verrostet

> Since starting the 'Electronics Reader' they're never lost for words

'Engineering Reader' is an English course for electronics engineers with audio-cassette, Ask for a prospectus:
AT Verlag, Bahnhofstrasse 39–43, CH-5001 Aarau.

S

safeguard Schutz, Sicherung
safety IEEE Sicherheit
safety IEEE Sicherheits..., Schutz
sag, to durchhängen (Leitung), absinken (Kurve)
sag Durchhang, Durchbiegung, Senkung
saggar Brennkapsel, Kerntrockenkasten
salary Gehalt, Salär
sale Verkauf
sales analysis Umsatzstatistik
salient vorspringend
salient pole IEEE ausgeprägter Pol
saline salzig, salzartig
salinity Salzhaltigkeit
saltpetre Salpeter
salvage, to bergen, retten, wiedergewinnen
salvage Bergung, Wiedergewinnung
salve, to bergen, retten
sample cell Küvette
sample mean Stichprobenmittel(wert)
sampler Probeentnehmer, Abtaster
sampling Stichprobenprüfung, Probeentnahme, Abfragen
satisfy, to zufriedenstellen, genügen
saturable reactor IEEE Sättigungsdrossel
saturated gesättigt
saturation IEEE Sättigung
sausage aerial Reusenantenne
save, to sparen, erhalten, retten
save-all Siebtisch, Rückgewinnungsanlage
saw, to sägen

saw Säge
scaffold, to Gerüst bauen, einrüsten
scaffold Baugerüst, Gerüst
scale, to abblättern, messen, wiegen, verzundern, abschuppen
scale IEEE Schuppe, Skala, Masseinteilung, Zunder
scalp, to vorsieben, grobsieben
scan, to abtasten, zerlegen
scan IEEE Abtastung, Auflösung
scanner IEEE Abtastgerät, Drehantenne
scarf, to anschärfen, abschrägen, mit schrägem Stoss verbinden
scarf Laschenverbindung
scatter, to zerstreuen
scatter IEEE Streuung, Streuecho
scavenge, to durchspülen, reinigen
scavenge Spülluft
scend Tauchschwingungsamplitude
schedule, to planen, aufstellen, ansetzen
schedule Liste, Plan, Programm
schematic schematisch
schematic diagram IEEE Schaltbild, Schaltschema, Schemazeichnung
scheme IEEE Schema, Plan, Anordnung, Anlage
schist Schiefer
scrapping Verschrottung
scratch, to zerkratzen, ritzen
scratch Kratzer, Schramme
screech, to flattern, abschirmen
screen IEEE Sieb, Filter, Schirm, Schutzwand
screenings Ausgesiebtes

screw, to festschrauben, schneiden (Aussengewinde)
screw Schraube, Bolzen, Schnecke, Spindel
screwdriver Schraubenzieher
screwed angeschraubt, verschraubt
scribe, to anreissen
scribe awl Reissnadel
scroll Schnecke, Spirale, Rolle
scrub, to scheuern, schrubben
scrutinise, to genau untersuchen, prüfen
scud Schleim, Schmutz
scuff, to abnutzen, verschleissen, fressen
scuffing Verschleiss, Fressen
scuttle, to anbohren, Seeventil öffnen
scuttle Springluke
seal, to abdichten, absperren, verschliessen
seal IEEE Dichtung, Absperrung, Plombe
sealant Abdichtmittel, Isoliermittel
sealed against moisture feuchtigkeitsfest
sealing IEEE Dichtung, Absperrung, Plombe
seam, to säumen, falzen
seam Saum, Naht, Lötstelle
seamless nahtlos
sear, to welken, sengen, brennen
search, to suchen
searchlight IEEE Scheinwerfer
season, to ablagern, altern, austrocknen
seasoning Alterung (von Werkstoffen)
seat, to einpassen, einsetzen, aufnehmen
seat Sitz, Auflagefläche

seating Einpassen, Einsetzen
secondary sekundär
sectile teilbar, abtrennbar
section IEEE Abschnitt, Abteilung, Profil
sectionalise, to in Abschnitte zerlegen
sectioning IEEE Schnittdarstellung, Schraffieren von Schnittflächen
secure, to sichern, befestigen
security IEEE Sicherheit
sedimentate, to absetzen, niederschlagen
seed, to impfen (Kristalle)
seep, to versickern
segment Segment, Abschnitt, Teilstück
segregate, to absondern, trennen
segregation IEEE Entmischung, Seigerung
seize, to (sich) festklemmen, hängenbleiben
seizing Festklemmen, Hängenbleiben
seizure Fressen (Lager)
select, to wählen
selection IEEE Auswahl
selectivity IEEE Selektivität, Trennvermögen
selector IEEE Wähler, Wahlschalter
selectron IEEE Selektron(röhre)
selenium IEEE Selen
self Selbst...
selling expenses Vertriebskosten
selsyn IEEE Drehmelder, Selsyn, Gleichlaufanlage
semi Halb...
semicircle Halbkreis
semiconductor IEEE Halbleiter
send, to senden, verschicken

sensation of heat
  Wärmeempfindung
sense, to abtasten, fühlen, erfassen
sensibility Empfindlichkeit
sensing element IEEE Messfühler
sensitive empfindlich, feinfühlig
sensor IEEE Messfühler, Fühler
separable trennbar
separate, to trennen, scheiden, separieren
separate getrennt, isoliert
separation Trennung, Scheiden
separator Trennanlage, Abscheider
sequence to anreihen, einreihen
sequence IEEE Reihenfolge, Arbeitsablauf
sequential IEEE aufeinanderfolgend
serial IEEE Reihen..., Serien..., laufend, aufeinanderfolgend
serially connected IEEE in Reihe geschaltet
series IEEE Reihe, Serie
serrate, to riefen, riffeln
serve, to (be)dienen, versorgen
service, to bedienen, warten
servicing IEEE Wartung
set, to (ein)stellen, abbinden, einrichten, aushärten
set IEEE Satz, Gerät, Lage, Haltung
settle, to absetzen, lagern
settling Senkung, Bodensatz
sever, to trennen, brechen
sewage Abwässer
shade, to schraffieren, abstufen, abtönen
shade Schattierung, Farbton
shaded schraffiert, dunkel getönt
shaft Welle, Schacht
shake, to schütteln, rütteln
shank Schaft, Griff

shape, to verformen, bilden, gestalten, kurzhobeln
shape Gestalt, Form, Umriss
shapeless formlos
shaper Waagerechtstossmaschine
share Anteil
sharp scharf, spitz
sharpen, to schärfen
shatter, to zerschmettern, zertrümmern
shatter Scherben, Splitter
shear, to scheren, schneiden
shear Schere, Wange
sheathe, to armieren
sheathing IEEE Ummantelung, Umhüllung
sheave Scheibe, Rolle
shed, to verschütten, fallen lassen
shed Schuppen, Fach
sheer rein, einfach, unvermischt
sheet, to auswalzen
sheet Blech, Tafel, Blatt, Platte
shell Schale, Aussenhaut
shelter, to schützen
shelter Schutzraum, Schutz
shelve, to mit Fächern versehen
shield, to abschirmen, schützen
shield IEEE Abschirmung, Schild, Schutz
shielding IEEE Abschirmung
shift, to verschieben, verstellen, schalten, verrücken
shift Schicht (Arbeit), Verschiebung, Verstellung
shim, to unterlegen, unterbauen
shim Beilage, Zwischenlage, Beilegscheibe
shimmy, to flattern, vibrieren
shine, to scheinen, glänzen
ship-borne receiver Bordempfänger

shipbuilding Schiffbau
shipment Verladung, Verschiffung
shipping Versand, Schiffahrt
shock Schlag (el.), Stoss, Erschütterung
shoe Schuh, Schleifstück, Gleitschuh
shore, to stützen, absteifen
short-circuit, to kurzschliessen
short-circuit IEEE Kurzschluss
shortage Knappheit, Mangel
shorted kurzgeschlossen
shotting granulieren
shoulder Absatz, Schulter, Kröpfung
shovel, to schaufeln, schippen
shovel Schaufel, Löffelbagger
show, to zeigen, darstellen, sichtbar machen
show-case Schaukasten
shred, to zerreissen, zerkleinern
shredder Reisswolf, Schnitzelmühle
shrink, to schrumpfen, eingehen
shrinkage Schrumpfung, Schwund
shroud, to einhüllen
shunt, to IEEE parallelschalten, rangieren, überbrücken mit Nebenwiderstand
shunt IEEE Nebenschlusswiderstand, Nebengleis
shutter IEEE Verschluss, Klappe, Riegel
shuttle, to pendeln
sidewise seitlich, seitwärts
sieve, to sieben
sign, to anzeichnen, markieren
sign Zeichen, Marke
signal, to signalisieren, melden
signal IEEE Signal, Meldung
signaller IEEE Signalgeber
significance Bedeutung

significant bedeutsam, wichtig
silence Ruhe, Stille
silencer Schalldämpfer
silent ruhig, still
silicon IEEE Silizium
silicone Silikon
silk Seide
sill Grundschwelle, Süll, Unterzug
silver-plate, to versilbern
similar ähnlich, gleichartig
simmer, to sieden, wallen
simplified analysis Näherungsverfahren
simplify, to vereinfachen
simulate, to nachbilden, nachahmen
simultaneity IEEE Gleichzeitigkeit
simultaneous gleichzeitig, simultan
sine Sinus
singe, to brennen, flammen, sengen
single-break switch IEEE Schalter mit Einfachunterbrechung
sink Ausguss, Spülbecken
sinter, to sintern, fritten
sinusoidal IEEE sinusförmig, Sinus...
siphon Heber, Siphon
siren Sirene
site, to aufstellen, anbringen, unterbringen
site Platz, Baustelle, Aufstellungsort, Lage
size, to auf Endmass bringen, kalibrieren
size Grösse, Abmessung
sizer Kalibrierwerkzeug, Abrichtmaschine
sizing Dimensionieren, Kalibrieren, Klassieren
sizzle, to zischen, knistern
skate Gleitkontakt

skeleton Gerippe
skelp rolling mill Rohrstreifenwalzwerk
sketch, to skizzieren
sketch Skizze
skew IEEE Schrägverzerrung (Bildfunk)
skew schräg, verzerrt
skewness Schräge, Asymmetrie
skid, to gleiten, rutschen
skid Gleitbahn, Gleitschiene
skids Unterleghölzer
skill Geschick, Handfertigkeit
skillet Gussstahltiegel
skim, to abheben, abschöpfen
skimmings Schlacke, Schaum
skin, to abisolieren, abziehen
skin Haut, Hülse
skinner isoliertes Drahtende
skip, to überspringen, auslassen
skip Fördergefäss, Skip
skirt, to ausspritzen
skirt Rand, Saum, Grenze
skull Pfannenbär (Met.)
skylight Oberlicht
slab, to abblättern, ablösen, flachwalzen, Flächen bearbeiten
slab Platte, Tafel, Bramme
slack, to lockerlassen, nachlassen
slack Durchhang einer Leitung, Zuschlag zur Leitungsdrahtlänge, Gruskohle
slack locker, lose, schlaff
slacken, to sich lockern, lösen (Schraube)
slackening off Lockern, Lösen, Zurückdrehen
slackness Spiel, Schlaffheit, Durchhängen

slag, to schlacken, ausschlacken, sintern
slag Schlacke, Asche
slagging Schlackenbildung, Entschlackung
slaggy schlackig, schlackenartig
slake, to (Kalk) löschen
slant, to schräg liegen (sitzen), (sich) neigen
slant Neigung, Schrägung, Gefälle
slanting Schrägung
slash, to schlitzen
slat Latte, Steg
slate Schiefer
slavearm Arbeitsarm (Fernbedienungsgerät)
slave clock Nebenuhr
sleek, to glätten
sleeve IEEE Buchse, Hülse, Muffe
sleeve bearing Gleitlager
slender schlank
slew, to schwenken, drehen
slice, to in Platten (Scheiben) schneiden
slice Scheibe
slicer Schneidmaschine
slidable verschiebbar
slide, to gleiten, rutschen
slide Gleitfläche, Support, Führungsschlitten, Diapositiv
slider IEEE Gleitkontakt, Lauffläche, Schieber
slideway Führung, Gleitbahn
sliding bearing Gleitlager
slight gering, schwach, leicht
sling, to schleudern, werfen
sling Schlinge, Stropp
slip, to rutschen, schlüpfen
slip Rutschen, Schlupf, Zettel
slipper Gleitstück, Gleitschuh

slipway Helling
slit, to schlitzen, spalten
slog schwere Arbeit, grosser Span
slope, to abfallen, ansteigen (lassen)
slope Gefälle, Neigung, Schrägfläche, Anstieg
slot Kerbe, Nut, Schlitz
slotter Senkrechtstossmaschine
slotting machine Senkrechtstossmaschine
slow, to verlangsamen, verzögern
slow down, to verlangsamen, abbremsen
slub Wulst
sludge Schlamm
sludging Entschlammung
slug Block, Rohling, Metallklumpen
sluggish träge, zähflüssig
sluggishness Trägheit
sluice, to spülen
sluice Schleuse, Schütz (Schleusenventil)
slurry Brei, Schlamm
slush Schmiere, Schmutz
smallwares Kurzwaren
smash, to zerschmettern, zerbrechen, zertrümmern
smear, to schmieren, streichen
smell Geruch
smelt, to schmelzen
smelter Schmelztiegel, Schmelzer
smithy Schmiede
smoke Rauch
smooth, to glätten, abschleifen, abziehen
smooth glatt, ruhig, stossfrei
smoothness Glattheit
smoulder, to schwelen, glimmen
smudge, to beschmutzen, verschmieren

smudge Schmutz, Schmutzfleck
snag, to abgraten, putzen
snagging Abgraten, Putzen
snaked wire verdrillter Draht
snap, to schnappen, abreissen
snap-action contact Sprungkontakt
snarl, to verwickeln, überdrehen
snarl Schleife, Kräuselung
sneak current Kriechstrom
snick Einschnitt
snifting valve Schnüffelventil
snips Handschere, Blechschere
snout Düse, Mundstück
snug fit enge Passung
soak, to aufsaugen, tränken, einweichen
soar, to in die Höhe schnellen
socket IEEE Steckdose, Hülse, Muffe, Sockel, Fassung
sodium Natrium
soft weich, mild
soften, to erweichen, aufweichen
soil, to verschmutzen
soil Boden, Grund
solar IEEE Sonnen...
solder, to löten
solder IEEE Lot, Weichlot
soldering IEEE Löten, Weichlöten
sole Sohle, Unterseite
sole alleinig, Allein...
solenoid IEEE Zylinderspule, Solenoid
solenoid operation magnetische Betätigung
solenoid switch IEEE Magnetschalter
solid fester Körper, Festkörper
solid fest, massiv, einteilig
solidify, to erstarren, fest werden

solidly earthed system IEEE starr geerdetes Netz
soluble löslich
solution Lösung, Auflösung
solve, to lösen
solvent lösend, löslich
sonic Schall..., Ton...
soot, to berussen, verrussen
soot Russ
sophisticated verfeinert, hochgezüchtet (Gerät), kompliziert
sorbent adsorbierender Stoff, Adsorbens
sordine Dämpfer
sorption Sorption, Aufnahme
sort, to sortieren, auslesen, aussondern
sorting Sortieren
sough Abflussgraben
sound, to tönen, schallen, loten
sound fehlerfrei, lunkerfrei
sound IEEE Klang, Schall, Ton, Sund
sounder IEEE Lotgerät
sour sauer
source IEEE Quelle, Spannungsquelle
sourdene Schwingungsdämpfer (Freileitungen)
souring bath Säurebad
space, to in Abstand bringen, teilen
space IEEE Raum, Abstand, Platz
space flight Raumfahrt
spaced unterteilt
spacer IEEE Abstandshalter, Distanzstück
spacing Abstand, Zwischenraum, Teilung
spacious geräumig, weiträumig

spade drill Spitzbohrer
span, to überbrücken, überspannen
span Spannweite, Stützbereich, Bereich
spangle Metallfolie
spar Spat, Holm
spare, to einsparen, sparen
spare Ersatzteil
spare IEEE Ersatz..., Reserve...
spark, to funken, feuern
spark IEEE Funke
sparkle, to funkeln, glitzern, glänzen
sparry iron ore Spateisenstein
spatial räumlich, Raum...
spatter, to herausschleudern, verspritzen
spear Stange
special Spezial..., Sonder..., speziell, besonders
specific spezifisch
specification IEEE Bauvorschrift, Pflichtenheft, Beschreibung, Vorschrift
specifications IEEE Hauptabmessungen, technische Daten
specify, to spezifizieren, detailliert angeben, vorschreiben
specimen IEEE Exemplar, Muster, Probestück, Prüfling
speck Flecken
speckle, to tüpfeln, sprenkeln
spectrum IEEE Spektrum, Frequenzband
spherically seated kugelig gelagert
spider Drehkreuz, Spinne, Radstern
spigot Zapfen, Drucklager
spike Impulszacke
spill, to vergiessen, verschütten
spin IEEE Spin, innerer Drehimpuls
spindle Spindel

spine Rücken, Gitterstab
spinner Drehantenne
spiral Spirale
spiral Spiral..., spiralförmig
spire spitzer Körper, Turmspitze
splash, to spritzen
splasher Spritzschutz, Spritzblech
splatter Störung durch einen Nachbarkanal
splice, to spleissen
splice Spleissung, Stoss
spline, to längsnuten
spline Passfeder, Gleitfeder, Schiebekeil
splining Keilnutenfräsen
splint Splint
split, to spalten, aufreissen, schlitzen
split Schlitz
split geschlitzt, geteilt, gespalten
spoil, to verderben
spoil Aushub
spoilage Ausschuss
spoke Speiche, Sprosse
spoked wheel Speichenrad
sponge Schwamm
sponson Ausleger, ausladende Plattform
sponsored research Auftragsforschung
spontaneous spontan
spool, to spulen, aufwickeln
spool Spule, Haspel
spoon Löffel, Kelle
sporadic sporadisch, vereinzelt
spot, to Position feststellen, orten
spot Fleck, Stelle, Lichtmarke
spotfacer Stirnsenker, Plansenker
spotting Fleckigwerden
spout IEEE Auslauf, Schnauze, Ausgussrinne, Wellenleiteröffnung

sprag, to abstempeln, verspreizen
sprag Spreizstempel, Strebe, Bolzen
spray, to spritzen, besprühen
spray IEEE Zerstäubung, Spritzung, Sprühnebel
spread, to auftragen, ausbreiten, verteilen, streuen
spread Auftrag, Aufstrich, Streuung, Ausbreitung
sprig Drahtstift, Kernnagel
spring, to springen, splittern, zuschnappen
spring IEEE Feder, Quelle, Becken
springback Rückfederung
springy rückfedernd
sprinkle, to berieseln, anfeuchten, bespritzen
sprinkler Berieselungsapparat, Brause
sprocket Kettenrad, Zahntrommel
sprue Giesstrichter, Anschnitt
spuding bit Flachmeissel
spur Sporn, Strebe
spurious falsch, künstlich, unerwünscht
spurious frequency IEEE Störfrequenz
sputter, to sprühen, zerstäuben
spy hole Schauloch
square, to ins Quadrat erheben, rechtwinklig schneiden
square Quadrat, rechteckiger Platz
square quadratisch, kantig, rechtwinklig
squared hoch zwei, im Quadrat
squaring Bearbeiten auf rechten Winkel
squash, to quetschen, zerdrücken
squash Quetschfuss
squeal Heulen, Pfeifen, Quieken

squeeze, to drücken, pressen, quetschen
squeeze Druck, Quetschung
squeezer Quetschwalzwerk, Pressformmaschine
squegger Sperrschwinger, Pendeloszillator
squirrel cage IEEE Käfiganker
squirrel cage induction motor IEEE Motor mit Kurzschlussläufer
squirt, to spritzen
squirt-gun welding halbautomatitisches Unterpulverschweissen
stab, to durchstechen, steppen, abteufen
stability Stabilität, Beständigkeit
stabilisation network IEEE Stabilisierungsnetz
stabilise, to stabilisieren
stabiliser IEEE Stabilisator
stable stabil
stack, to stapeln, lagern, aufschichten
stack Schacht, Schornstein, Stapel, Stoss
stacker Kartenstapler, Ablagevorrichtung
staff Personal, Belegschaft,
stage Stufe, Stadium, Bühne
stagger, to versetzen, schwanken, taumeln
stagger versetzte Anordnung
staging Stellage, Gerüst
stagnant unbewegt, stillstehend
stain, to beflecken, anlaufen, korrodieren, verfärben
stain Fleck, Verfärbung, Rost
stainless rostfrei, nichtrostend, fleckenfrei

stair Treppe
staircase Treppe, Treppenhaus
stalk Stengel, Einspannzapfen
stall, to stillstehen, zum Stillstand bringen, abwürgen
stall Stillstand, Stand
stamina Widerstandskraft, Ausdauer
stamp, to stampfen, stanzen, prägen, aufdrucken
stamp Stempel, Marke
stamped poles IEEE lamellierte Pole
stanchion Stütze, Pfosten, Strebe
stand Gestell, Gerüst
standby IEEE Bereitschaft, Reserve...
standard Standard, Norm, normal, geeicht
standardisation IEEE Standardisierung
standardize, to standardisieren
standpipe Standrohr, Hydrant
standstill Stillstand
stanniferous zinnhaltig
stannum Zinn
staple, to stapeln, sortieren
staple Stapel, Rohstoff, Klammer
star-connected IEEE sterngeschaltet
star-delta connection IEEE Sterndreieckschaltung
start, to starten, beginnen, anfangen
starter IEEE Anlasser
starve, to ungenügende Füllung haben
state IEEE Zustand, Beschaffenheit
statement Angabe, Darlegung, Feststellung, Information
static IEEE atmosphärische Störungen, statisch, ruhend

statics Statik, Mechanik ruhender Körper, (atmosphärische) Störungen
stationary IEEE ortsfest, ruhend, feststehend
statistics Statistik
stator IEEE Stator, Ständer
status IEEE Zustand
statute mile = 1,609 km (am.)
staunch wasserdicht, luftdicht
stay, to bleiben, stützen
stay Stütze, Anker, Ständer, Strebe
staying Verspannung, Abspannung
steadiness IEEE Stetigkeit, Standfestigkeit
steady, to stabilisieren
steady stetig, gleichmässig, standfest
steam, to dampfen
steam Dampf
steel, to verstählen
steel Stahl
steep steil, schroff
steeping IEEE Imprägnierung
steepness Steilheit
steer, to steuern, lenken
steering IEEE Lenkung
stem, to dichten, verstopfen, anstauen
stem Stamm, Stiel, Stengel, Rippe
stench trap Geruchverschluss
stencil, to schablonieren
stencil Schablone, Matrize
step, to stufen, absetzen
step Schritt, Stufe, Schwelle
stepless IEEE stufenlos
stepped treppenförmig, abgestuft
stepping motor IEEE Schrittmotor
stepwise schrittweise
stibium Antimon

stick, to stecken, schmieren, haften, verklemmen
stick Stock, Stange, Stiel
sticky klebrig
stiff steif, starr, stramm
stiffen, to versteifen
stiffener IEEE Versteifung, Steife
stiffness Steifigkeit
stifle, to ersticken (Brand)
stile Senkrechtstreifen, Durchgang
still ruhend, unbewegt
stillage Pritsche, Ladeplatte, Plattform
stillpot Absatzbecken, Klärbecken
stillson wrench Rohrzange
stimulus Wirkungsgrösse, Anreiz
stipple, to tupfen
stir, to rühren
stirrup Bügel, Steigeisen
stitch, to heften, steppen
stitch Stich, Masche
stock, to aufbewahren, versorgen
stock IEEE Lager, Vorrat, Halde
stocking Lagerung, Lagern
stockpiling Stapeln, Lagern Aufspeichern
stoke, to beschicken, schüren, heizen
stokehold Heizraum, Kesselraum
stone Stein; 1 stone = 6,356 kg
stool Bock, Schemel
stop, to anhalten, stillsetzen, arretieren
stop Halt, Stillstand, Anschlag, Sperre, Hubbegrenzer
stopcock Absperrhahn
stopper, to verstöpseln
stopper Stopfen, Pfropfen, Stöpsel
store, to speichern
store IEEE Speicher, Lager, Abstellraum

storehouse Lagerhaus, Magazin, Speicher
storey Stockwerk, Etage
storm guyed pole Abspannmast
stout kurz, dick, steif, stark
stove, to einbrennen, härten
stove IEEE Ofen
stow, to stauen
stowage Stauraum, Stauen
stowaway Abstellraum, abgestellte Güter, blinder Passagier
straggling Streuung, Schwankung, Straggling
straight gerade, geradlinig
straighten, to begradigen, ausrichten
straightener Blechrichtmaschine
strain, to anspannen, beanspruchen, dehnen, durchpressen
strain IEEE Dehnung, Deformation, Beanspruchung
strainer Filtereinsatz
strainfree spannungsfrei (mech.)
strand, to IEEE verlitzen, verseilen
strand IEEE Litze, Faserbündel
stranded wire IEEE Litzendraht
strap, to festbinden, anschnallen, verlaschen
strap Spannband, Riemen, Gurt
strapped joint Laschenstoss
stratum Schicht, Ablagerung, Lage, Flözschicht
straw Stroh
strawboard Strohpappe, Strohplatte
stray, to streuen, abweichen, vagabundieren
straying IEEE Streuung, Streuverlust
streaking Nachziehen
stream, to strömen
stream Strömung, Strom

streamline, to stromlinienförmig gestalten
strength IEEE Festigkeit, Stärke, Kraft
strengthen, to verstärken, versteifen
strengthening Verstärkung (mech.)
stress, to spannen, beanspruchen, belasten
stress IEEE Spannung (mech.), Beanspruchung
stretch, to strecken, dehnen, straffen
stretch Strecke, Länge, Ausdehnung
stretchforming Streckformen
stria Schliere, Riefe, Furche
strickle Schablone, Lehre
striction Einengung, Verengung
strident schrill, schneidend (Ton)
strike, to schlagen, prägen stossen auf, prallen auf
striking Auftreffen, Aufprallen, Zündung (Lichtbogen)
string, to binden, schnüren, knüpfen
string Schnur, Bindfaden
stringer Längsbalken, Längsträger, Stützbalken, Holm, Stringer
strip, to abisolieren, abstreifen, ablösen, abkratzen
strip IEEE Band, Streifen, Leiste
stripe Streifen
stripped nackt (Draht)
strobeglow IEEE Stroboskop mit Neonröhre
strobing IEEE Signalauswertung
stroboscope IEEE Stroboskop
stroke Hub, Takt, Schlag, Strich
strong fest, stark
struck abgebaut (Gerüst), abmontiert
structural baulich, konstruktiv, Gefüge..., Struktur...

structure IEEE Struktur, Gefüge, Konstruktion, Bauwerk
strut, to versteifen, verstreben, abstützen
strut Strebe, Verstrebung, Stützsäule
strutted pole verstrebter Mast
stubby gedrungen
stud Stehbolzen, Stiftschraube, Anschlag
study, to untersuchen, studieren
stuff, to vollstopfen, polstern
stuff Grundstoff, Zeug, Stoff, Materie
sturdiness Stabilität, Festigkeit, Widerstandsfähigkeit
sturdy stabil, robust, kräftig
stylus IEEE Fühlerstift, Taster, Nadel
subassembly IEEE Bauteil, Baueinheit, Teilmontage
subcarrier IEEE Zwischenträger
subcircuit Abzweigung, Abzweigstromkreis
subcontractor Unterlieferant
subdivide, to unterteilen
subdue, to dämpfen, unterdrücken
subjected to beansprucht auf
subject Fachgebiet, Thema
submarine Unterseeboot, Unterwasser..., unterseeisch
submarine cable IEEE Seekabel
submerge, to überfluten, eintauchen
submersible IEEE tauchfähig, wasserdicht (Maschine)
subrepeater Hilfsverstärker
subscriber IEEE Teilnehmer
subside, to (sich) senken, setzen
subsidiary IEEE Hilfs..., Neben..., Tochtergesellschaft
subsonic IEEE Unterschall...

substance Stoff, Substanz
substation Unterwerk
substitute, to austauschen, ersetzen, einsetzen
substitute IEEE Austauschstoff, Ersatz(stoff)
substitutional resistance Ersatzwiderstand
substrate IEEE Schichtträger, Substrat
subtract, to abziehen, subtrahieren
succession Folge, Reihenfolge
successive aufeinanderfolgend
suck, to saugen
sucking coil Tauchkernspule
suction Saugen, Ansaugung
sue for damages, to auf Schadenersatz verklagen
suggestion box Einwurfkasten für Verbesserungsvorschläge
suggestions for improvements Verbesserungsvorschläge
suit, to passen, sich eignen, taugen
sulphur Schwefel
sum, to addieren, summieren
sum Summe
summarise, to zusammenfassen
summary Zusammenfassung
summit Spitze, Gipfel
sump (Öl-)Sumpf
supercharge, to aufladen (Verbrennungsmotor)
supercharge Auflladung
supercharger Aufladegebläse
superconductive IEEE supraleitend
superconductivity IEEE Supraleitfähigkeit
superconductor IEEE Supraleiter
superfinish, to feinstbearbeiten
supergrid Hochspannungsnetz

superheater Überhitzer
superimpose, to IEEE überlagern
superpose, to überlagern
supersonic Ultraschall...
supervise, to überwachen
supply, to versorgen, liefern, zuführen
supply IEEE Versorgung, Lieferung, Zuführung, Speisung
support, to stützen, tragen, aufliegen
support IEEE Auflage, Stütze, Lagerung, Halter
suppress, to unterdrücken, dämpfen, sperren
suppression IEEE Unterdrückung
suppressor IEEE Begrenzerschalter, Bremsgitter (Röhre)
surface, to plandrehen, abrichten
surface Fläche, Oberfläche, Aussenseite
surfacing Flächenbearbeiten, Planen
surge IEEE Spannungsstoss, Überstrom
surge diverter IEEE Spannungsableiter
surmount, to bedecken, überragen
surplus Überschuss
surveillance IEEE Überwachung
survey, to vermessen, überwachen
survey Überwachung, Überblick, Vermessung
susceptance IEEE Blindleitwert, Suszeptanz
susceptibility Empfindlichkeit, Anfälligkeit
susceptible empfindlich, anfällig
suspend, to aufhängen, frei tragen, schweben
suspending wire Tragseil (für Luftkabel)

suspension IEEE Aufhängung, Aufschlämmung
sustained Dauer..., ununterbrochen, ungedämpft
swage, to tiefziehen, fassonschmieden, gesenkdrücken
swaging Gesenkschmieden, Gesenkdrücken, Tiefziehen
sway, to schwingen
sweep, to fegen, kehren, ablenken
sweep IEEE Schwung, Abtastung, Bereich
sweep deflection IEEE Kippablenkung
sweeping IEEE Wobbeln, Durchlauf
sweeps IEEE Ablenkspannungen
swell, to schwellen, aufquellen
swell Schwellung, Ausbauchung
swill, to spülen, waschen
swing, to schwingen, schwenken
switch, to schalten, rangieren
switch IEEE Schalter, Weiche
switchboard IEEE Schalttafel, Vermittlungsschrank
switchgear IEEE Schaltgerät(e), Schaltanlagen
switching Schalten, Schaltung, Rangieren
switchyard IEEE Hochspannungsschaltanlage (Freiluft)
swivel, to schwenken, drehen, schrägstellen
swivel Drehteil, Drehscheibe, Spannschloss
symmetrical symmetrisch
synchro IEEE Drehmelder
synchromesh gear Synchrongetriebe
synchronisation IEEE Synchronisierung
synchronise, to synchronisieren

synchroniser IEEE Synchronisiervorrichtung	**synthetic** künstlich, synthetisch
synchronous IEEE synchron, Synchron...	**syntonising coil** Abstimmspule
	syntony Abstimmung, Resonanz
	system IEEE Anlage, System

Indeed, it really works, but whenever I press the 'Y' key, all I get is the latest football score.
(New Scientist, London)

T

tab Beschriftungsschild, Aufreissband, Drucktaste
table Tabelle, Tafel, Planscheibe, Tisch
tabular tabellarisch, tafelförmig
tack, to (leicht) befestigen, heften, nageln
tack Zwecke, Stift, Nagel
tackle Spannzeug (Freileitungsbau), Flaschenzug, Gerät, Ausrüstung
tag IEEE Anhänger, Aufkleber, Lötfahne
tagged mit Lötösen versehen, markiert, gekennzeichnet
tagger dünnes Feinblech
tail off, to allmählich abklingen
tail Schwanz, Heck
tailstock Reitstock (Masch.)
take, to nehmen, aufnehmen, fassen, annehmen
take-apart model zerlegbares Modell
taken from abgeleitet von
talk-back circuit IEEE Gegensprechschaltung
tally, to nachprüfen, stimmen, registrieren
tally Probe, Kontrollrechnung, Kontrollmarke
tandem Kaskade
tangle, to verwirren, verfitzen
tantalum Tantal
tap, to anzapfen, abgreifen, abhören
tap IEEE Anzapfung, Abgriff, Gewindebohrer
tape, to umwickeln
tape IEEE Band, Streifen, Isolierband
taper, to sich verjüngen, kegelig machen
taper Kegel, Verjüngung, Keil
taping IEEE Steuerung durch Lochstreifen, Bandwicklung
tapper Gewindebohrmaschine, Abgreifer
tappet Greifer, Knagge, Mitnehmer
tapping IEEE Anzapfung, Abgreifen, Abgriff
tar Teer
target IEEE Ziel, Auffangplatte, Prallplatte, Fangelektrode
tarnish, to anlaufen, glanzlos werden
task Aufgabe
taut straff, gespannt
tauten, to (sich) straffen, straff anspannen
taxi, to rollen (Flugzeug)
teaching aid IEEE Lehrmittel
tear, to reissen, zerreissen, verschleissen
tear Reissen, Riss
technician Techniker
technology IEEE Technik, Technologie
ted, to wenden, ausbreiten
tee, to abzweigen (el.)
teem, to in Kokillen abgiessen
teeth Verzahnung, Zähne
telecast, to durch Fernsehen übertragen
telecast IEEE Fernsehsendung
telecommunication(s) IEEE Fernmeldewesen, Nachrichtentechnik

telecontrol Fernbedienung, Fernsteuerung
teleprinter IEEE Fernschreibmaschine
telex IEEE Fernschreiber
telltale Anzeiger
telltale board IEEE Anzeigetafel
temper, to anlassen (Metall), stimmen
temper Härtegrad
template IEEE Lehre, Schablone
temporary zeitweise, temporär
tenacious zäh, widerstandsfähig, beharrlich
tend, to warten, bedienen
tendency Neigung, Tendenz
tender, to Kostenvoranschlag einreichen
tender Kostenvoranschlag
tending Wartung, Pflege
tenon Zapfen, Vorsprung
tensible zugbelastbar, streckbar
tension, to auf Zug beanspruchen, strecken
tension Zug, Spannung
tepid lauwarm
term, to benennen
term Begriff, Fachausdruck
terminal IEEE Klemme, Anschluss, Endamt, Endstation
terminate, to abschliessen, begrenzen
termination IEEE Abschluss, Beendigung, Begrenzung, Endverschluss
terms of delivery Lieferbedingungen
ternary aus drei Einheiten bestehend
test, to prüfen, untersuchen
test IEEE Prüfung, Versuch
test set Prüfgerät

texture Gewebe, Schicht, Gefüge
thaw point Taupunkt
theorem Lehrsatz
theory Theorie, Lehre
thermal IEEE thermisch, Wärme...
thermal ammeter IEEE Hitzdrahtamperemeter
thermic thermisch, Wärme...
thermionic IEEE glühkathodisch
thermionic amplifier Röhrenverstärker
thermionics Theorie der Elektronenröhrentechnik
thermistor IEEE Thermistor, Heissleiter
thermocouple IEEE Thermoelement
thermojunction Thermoübergang
thesis These, Dissertation, Diplomarbeit
thick dick, stark
thickness Dicke
thimble Hülse, Muffe, Fingerhut
thin, to verdünnen
thin dünn
thin-film semiconductor IEEE Dünnschichthalbleiter
thread, to Gewinde schneiden, durchführen
thread Gewinde, Faden
threaded mit Gewinde
threshold Schwelle
thrive, to gedeihen, gut wachsen
throat Gicht (Hochofen), Rachen, Kehle
throttle, to drosseln
throttle Drossel(klappe)
through-and-through bore Durchgangsbohrung
throw, to werfen, schleudern, kippen
thrust Druck, Schub

thumb nut Flügelmutter
thyristor stack IEEE Thyristorstapel
tick, to ticken
ticker Zerhacker, Schnellunterbrecher
tickler IEEE Rückkopplungsspule
tide Gezeiten (Pl.)
tie, to verbinden, befestigen
tie Zuganker, Verbindungsstelle, Strebe (Mast)
tier, to stapeln
tier IEEE Etage, Stapel
tight dicht, fest, straff, undurchlässig
tighten, to anziehen (Mutter), spannen, festklemmen
tightly bound fest gebunden (Elektron)
tile, to kacheln, fliesen, decken
tile Kachel, Fliese, Platte
tilt, to kippen, schrägstellen
timber Bauholz, Nutzholz
time, to zeitlich bemessen
timed control IEEE Programmregler
timer IEEE Schaltuhr, Stoppuhr, Zeitrelais
timer circuit IEEE Zeitgeberschaltung, Zeitsteuerschaltung
timing Einstellung des Zeitpunktes
tin, to verzinnen
tin Zinn, Blechbüchse (verzinnt)
tinman Zinngiesser, Klempner
tinman's snips Blechschere
tinned verzinnt
tint, to aufhellen, abtönen
tint Farbaufhellung
tip, to Plättchen auflöten, abkippen, bestücken
tip Spitze, Ende, Schneide, Abladeplatz

tipper Kipper
tissue Gewebe, Stoff
titanium Titan
title block Schriftfeld (Zeichnung)
toggle Hebel, Gelenk
toggle stage Kippstufe
toggle switch IEEE Kippschalter
tolerable zulässig
toll Läuten
tone Ton, Klang
tongs Zange
tool, to mit Werkzeug bearbeiten, einrichten, aufspannen (Werkzeuge)
tool Werkzeug, Meissel
torch IEEE Brenner, Flamme, Fackel
torque Drehmoment
torsion Verdrehung, Torsion
tortuous (mehrfach) gewunden
total Gesamt(betrag), Gesamt..., gesamt, total
totally enclosed IEEE geschlossen, gekapselt
tote box Transportbehälter
touch, to berühren
touch IEEE Berührung, Tast...
tough zäh
toughness Zähigkeit
tow, to schleppen
tow Schleppzug
tower IEEE Turm, Gittermast
toxic giftig, toxisch
trace, to zeichnen, nachziehen, abtasten, suchen
trace Spur
tracer Fühler, Taster
track, to schleppen, spuren
track Spur, Bahn

trackless vehicle schienenloses Fahrzeug
traction Zug
trade Handel, Gewerbe, Beruf
traffic Verkehr
trail, to schleppen
trail Nachlauf
trailer Anhänger
trailing nacheilend
train, to ausbilden, richten
train Reihe, Zug
trainee Anlernling, Praktikant
training Ausbilden
transaction Abhandlung
transatlantic cable Überseekabel
transceiver Sende-Empfangs-Gerät
transcribe, to umschreiben, abgreifen
transcriber IEEE Übersetzer (Rechner)
transducer IEEE (Messgrössen-)Wandler
transfer, to übertragen, transportieren
transfer Übertragung, Transport
transform, to umwandeln, umsetzen, umspannen
transformer Transformator
transient IEEE Einschwingvorgang, Ausgleichsvorgang, Einschaltstoss
transient einschwingend, kurzzeitig, momentan
transient analysis Einschwinganalyse
transistor circuit IEEE Transistorschaltung
transit Durchgang, Durchlauf
transition IEEE Übergang
translator IEEE Übersetzer, Umrechner, Umsetzer
translatory fortschreitend, translatorisch
translucent transparent
transmission Übertragung, Sendung
transmit, to übertragen, senden, leiten (Strom)
transmittance Durchlassgrad, Durchlässigkeit(sgrad)
transmitter IEEE Sender, Geber
transparency Transparenz
transponder IEEE Antwortsender
transpose, to versetzen, vertauschen
transversal quer, Quer..., transversal
transverse quer, transversal
transverter Umrichter
trap, to einfangen, einschliessen
trap Falle, Abschneider, Auffangvorrichtung
trapped mit Geruchverschluss
trapping Einfang, Anlagerung, Fixierung
trash Abfall, Ausschuss
travel, to (sich) bewegen, verschieben
travel Weg, Bewegung, Verschiebung
traverse, to überqueren, fahren, verschieben
traverse Bewegung (Masch.), Verschiebung
tray Mulde, Trog, Schale
tread Treppenstufe, Laufkranz
treat, to behandeln, verarbeiten, vergüten
trellised mast Gittermast
trench Graben
trepan, to hohlbohren, ringbohren

trestle Bock, Gerüst
trial Versuch, (Abnahme-)Prüfung
triblet Dorn
trickle, to tropfen
trickle charge Pufferladung
trigger, to auslösen, einleiten, triggern
trigger IEEE Auslöser, Trigger(schaltung)
trim, to abgraten, putzen, zurichten, trimmen
trio mill Drillingswalzwerk
trip, to auslösen (Relais)
trip IEEE Auslösung
triple, to verdreifachen, dreifach sein
triplug Dreifachstecker
tripod Dreibein, Dreifuss, Stativ
trolley IEEE Laufkatze, Förderwagen
trough Trog, Schale, Wanne
truck Lastkraftwagen (Am.)
true richtig, genau, masshaltig
truncate, to abflachen
trundle, to rollen
trunk Stamm, Schaft, Sammelschiene, Koffer
trunnel Dübel
trunnion Achse, Auflager, Drehzapfen
truss, to unterstützen, halten, versteifen
try, to versuchen
try Versuch

tub Bottich, Wanne
tube IEEE Rohr, Röhre, Schlauch, Untergrundbahn
tubular Rohr..., rohrförmig
tuck, to falten
tug, to schleppen
tug Schlepper
tumbler switch Kippschalter
tune, to (ab)stimmen
tuned abgestimmt
tungsten Wolfram
tuning IEEE Abstimmen
tunoscope Abstimmanzeige
turbine-driven set Turbogeneratorsatz
turbocharge, to mit Abgasturbolader aufladen
turbocharger Turbolader
turbulence Turbulenz, Wirbelung
turn, to drehen, wenden, kreisen
turn Drehung, Wendung, Windung
turner Dreher
turning Drehen
turnover Umsatz
turnstile Drehkreuz
turret Revolver(kopf)
turret lathe Revolverdrehmaschine
twist, to verdrillen, verwinden
type IEEE Bauart, Modell, Typ, Ausführung
typewriter Schreibmaschine
tyre Reifen
tyred luftbereift

U

U-bend Doppelkrümmer, U-Rohr
u.h.f. IEEE (ultra high frequency) ultrahohe Frequenz
U-section U-Profil
ultimate äusserst, höchstmöglich
ultrared infrarot, ultrarot
ultrasonic IEEE Ultraschall...
umbrella Schirm
unattended wartungsfrei, unbewacht
unbalance Unwucht, Unsymmetrie
undersize Untermass, Untergrösse
unidirectional einseitig gerichtet
uniform gleichförmig, gleichmässig, homogen
uniformly loaded gleichmässig belastet
unilateral einseitig
unique einzig
unit Einheit, Aggregat
unload, to entladen, löschen
up-cut milling Gegenlauffräsen
upgraded verbessert
upkeep Wartung, Instandhaltung
uranium Uran
urgent dringend
utility IEEE Installation, Versorgungseinrichtung
utilise, to ausnutzen, verwerten

"What would you do if it really would hatch?"
(to hatch: ausschlüpfen)

V

V-belt Keilriemen
V-shaped V-förmig
vacancy Leerstelle
vacant unbesetzt, leer, frei
vacuum breaker Vakuumschalter
value, to bewerten, abschätzen
value IEEE Wert
valve IEEE Ventil, Klappe, Schieber, Röhre
vane Blatt, Flügel, Schaufel
vanish, to verschwinden
vapour Dampf, Dunst
variability Veränderlichkeit
variable veränderlich, variabel
variable pitch propeller Verstellpropeller
variation Änderung, Abweichung, Ablenkung
variety Vielzahl, Abart, Sorte
varnish, to lackieren, tränken
varnish Lack, Firnis
varnished cambric IEEE Isolierband
vary, to variieren, abändern, schwanken
varying component IEEE Wechselstromkomponente
vee engine V-Motor
vee shaped V-förmig
vehicle Fahrzeug
veil Schleier
velocity Geschwindigkeit
vent, to entlüften
vent IEEE Entlüftungsöffnung, Abzug
ventilate, to ventilieren
venting Lüften, Belüften, Lüftung, Entlüften
verge Rand, Aussenkante, Welle
verification Bestätigung, Beweis, Kontrolle
verify, to nachprüfen
vernier adjustment Feineinstellung
versability Vielseitigkeit, vielseitige Verwendbarkeit
versatile anpassungsfähig, vielseitig einsetzbar
vertex Scheitelpunkt, Spitze, Gipfelpunkt
vertical boring and turning mill Karusselldrehmaschine
vertical milling machine Senkrechtfräsmaschine
vessel Schiff, Behälter, Hohlkörper
vial Ampulle, Fläschchen
vibrate, to vibrieren, schwingen
vibrationless schwingungsfrei
vibratory IEEE schwingend, Schwing...
vice Schraubstock, Spanner
view Bild, Ansicht (Zeichnen)
violent heftig, stark
viscosity Viskosität
viscous viskos, dickflüssig
visibility Sicht
visible sichtbar
vitreous gläsern, glashart
voice IEEE Stimme
void Leere, Hohlraum, Pore
volatile flüchtig
voltage Spannung
voltaic IEEE galvanisch

volume Volumen, Lautstärke	**voucher copy** Belegexemplar
vortex Wirbel, Strudel	**vulcanise, to** vulkanisieren
vortical beam Wirbelstrahl	**vulgar fraction** gemeiner Bruch

The Ministry of Progress reports

Instant literature assimilator, developed under a Ministry of Progress licence, does away with the chore of reading. Simply plug flexible lead into book of your choice, plug yourself into the other socket, and within microseconds the book will be recorded on your memory drum.
('Quaestor' in Electronics & Power, Stevenage, England)

Der Literatur-Sofortassimilator, entwickelt gemäss einer Lizenz des Ministeriums für Fortschritt, erspart die Mühe des Lesens. Einfach Stecker mit flexibler Leitung in das Buch Ihrer Wahl stecken, sich selbst an einen anderen Stecker anschliessen, und innerhalb von Mikrosekunden ist das Buch auf Ihrer Speichertrommel aufgezeichnet.
(Photo: Siemens AG, München)

W

wabble, to schwanken, taumeln
wafer IEEE Scheibe, Platte, Plättchen
wages Arbeitslohn, Heuer
wagon Waggon, Lore
wall Wand(ung), Mauer
warble, to wobbeln
Ward-Leonard set IEEE Leonhardsatz
warmed-up betriebswarm, warmgelaufen
warp, to sich krümmen, verziehen
warning Warnung, Alarm
washer Unterlegscheibe, Dichtring
waste Verlust, Verschleiss, Abnutzung
waterproof IEEE wasserdicht
watertight IEEE wasserdicht
wattage Leistung (in Watt), Wirkleistung
watts input Leistungsaufnahme
wave IEEE Welle
waveguide Wellenreiter
weak schwach
weaken the signal, to das Signal schwächen
wear, to tragen, abnutzen, verschleissen
wear IEEE Abnutzung, Verschleiss
wearless verschleissfrei
web Steg, Schenkel, Versteifung
wedge Keil
weigh, to wiegen, wägen
weight Gewicht
weld, to schweissen
weld Schweissung
welder Schweisser
welding Schweissen
weldless tube nahtloses Rohr
well Bohrung, Brunnen, Schacht
wet nass, feucht
wheel Rad, Ruder
whet, to abziehen, wetzen
whip, to peitschen, schlagen
whirlpool combustion chamber Wirbelkammer
whistle tone Pfeifton
whizzer Trockner, Zentrifuge
widen, to verbreitern, aufweiten
width Breite, Dicke, Weite
winch Winde, Kurbel
winding Wicklung, Umwickeln
windlass Ankerspill, Ankerwinde
windscreen Windschutzscheibe
wing Flügel, Tragfläche, Kotflügel
wipe, to (ab)wischen
wire, to verdrahten, Leitung verlegen
wire IEEE Draht, Leiter, Ader
wireless drahtlos, Rundfunk...
wiring IEEE Verdrahtung
withdraw, to zurückziehen
withstand, to widerstehen, standhalten
withstand voltage IEEE Stehspannung
witness line Bezugslinie, Masshilfslinie
wobble, to flattern, taumeln
wobble engine Taumelscheibenmotor
work Arbeit, Werkstück
workmanlike fachkundig
workmanship Fachkönnen, Werkstattarbeit

workpiece Werkstück
workshop Werkstatt
worm Schnecke
worn abgenutzt, abgetragen

wrap, to einwickeln, einpacken
wrench Schraubenschlüssel
wrought bearbeitet, zugerichtet, geschmiedet

X-ray, to röntgen

X-rays IEEE Röntgenstrahlen

yard Hof, Lagerplatz
yield, to ergeben, liefern, freigeben
yield Anfall, Ausbeute, Ertrag

Y-joint Gabelmuffe, Abzweigmuffe
yoke IEEE Joch
Y-pipe Hosenrohr

Z

Z-axis modulation Z-Achsen-Steuerung
zero, to auf Null stehen
zinc, to verzinken

zinc Zink
zincify, to verzinken
zonal zonal, Zonen...
zone Zone, Bereich

General telecommunication and electronics terminology

British Standard 4727, Part 3, Group 01
Definitions are only available in English

active network aktives Netzwerk
active transducer aktiver Wandler
AFC automatic frequency control: automatische Frequenzabstimmung
AM amplitude modulation: Amplitudenmodulation
amplifier Verstärker
amplitude discriminator Amplitudendiskriminator
amplitude distortion Amplitudenverzerrung
amplitude modulation Amplitudenmodulation
angle modulation Winkelmodulation
anode stopper Anodenschutzwiderstand
antinode Schwingungsbauch, Wellenbauch
antiresonant circuit Antiresonanzkreis, Entkopplungskreis
artificial line künstliche Leitung
attenuation coefficient Schwächungskoeffizient
attenuation distortion Dämpfungsverzerrung
attenuation equalizer Dämpfungsentzerrer
attenuator Dämpfungsglied, Abschwächer

audio frequency Tonfrequenz, Hörfrequenz
automatic frequency control automatische Frequenznachstimmung
automatic grid bias automatische Gittervorspannung
available power abgebbare (verfügbare) Leistung
balance return-loss Fehlerdämpfung
balancing network Abgleichnetzwerk, Ausgleichsleitung
ballast resistor Ballastwiderstand
bandwidth Bandbreite
barretter Eisenwasserstoffröhre, Eisenwasserstoffwiderstand
baseband Grundband, Basisband
base noise of a receiver Empfängerrauschen
beat-frequency oscillator Schwebungsgenerator, Schwebungsoszillator
binary code Binärkode
binary counter Binärzähler
binary digit Binärziffer
bistable trigger circuit bistabile Triggerschaltung
blanking Austasten, Strahlaustastung
blocking oscillator Sperrschwinger

bolometer Bolometer, Thermoumformer
bootstrap circuit Bootstrap-Schaltung
bottoming Klemmen der Röhre
broadband channel Breitbandkanal
buffer amplifier Trennverstärker
buffer stage Trennstufe
building-out network Ergänzungsnetzwerk
building-up time Einschwingzeit, Anlaufzeit, Aufschaukelzeit
carrier Träger, Ladungsträger
carrier channel Trägerstromweg
carrier frequency Trägerfrequenz, Trägerstromkanal
carrier transmission Übertragung durch Trägerfrequenz
carrier wave Trägerwelle
cascade amplifier Kaskadenverstärker
cathode bias Kathodenvorspannung
cathode-follower Kathodenfolger
channel Kanal
characteristic impedance Wellenwiderstand
Chebyshev function Tschebyscheff-Funktion
choke coupling Drosselflanschverbindung, Drosselkupplung
circuit Schaltung, Schaltkreis, Stromkreis
clamping circuit Blockierschaltung, Klemmschaltung
clipper Begrenzer, Abkapper
C-network C-Glied
coincidence gating Koinzidenzauftasten

combination frequency Kombinationsfrequenz
combination tone Kombinationston
companding Kompandierung
compandor Kompandor, Dynamikpresser
compensation theorem Ausgleichslehrsatz
compression Verdichtung, Kompression, Dynamikpressung
compression ratio Verdichtungsverhältnis
compressor Kompressor, Dynamikpresser
conjugate impedances konjugiert komplexe Scheinwiderstände
constant-k filter Doppelsieb
coupling Kopplung, Ankopplung
coupling coefficient Kopplungskoeffizient
cross modulation Kreuzmodulation
crosstalk Übersprechen, Nebensprechen
crosstalk attenuation Gegentaktneutralisation
current stabilizing circuit Stromstabilisierungskreis
damped oscillations gedämpfte Schwingungen
DC clamp diode Schwarzsteuerdiode
DC restorer einfache Schwarzwertschaltung
DC restorer diode Schwarzsteuerdiode
decay time Abklingzeit, Ausschwingdauer

decineper Dezineper
decoupling Entkopplung
decremeter Dämpfungsmesser, Dekremeter
de-emphasis Nachentzerrung, Höhenabsenkung
delay Laufzeit, Verzögerung
delay line Laufzeitkette, Verzögerungsleitung
demodulation Demodulation, Entmodelung
demodulator Demodulator
detection Demodulation, Auffinden, Erfassen
detector Demodulator, Detektor
deviation ratio Hubverhältnis, Abweichungsverhältnis
differentiating circuit Differenzierschaltung
differentiator Differenziergerät
direct coupling direkte (oder: galvanische) Kopplung
discriminator Diskriminator
dissipation factor Verlustfaktor
distortion Verzerrung
distributed amplifier Kettenverstärker
double-sided transmission Zweiseitenband-Übertragung
driven multivibrator fremdgesteuerter Multivibrator
dual-control Doppelsteuerung
dynamic impedance Impedanz bei Parallelresonanz
echo Echo, Nachhall
echo suppressor Echosperrer
effective bandwidth Bandbreite eines äquivalenten idealen Filters

effective cut-off frequency effektive Grenzfrequenz
electrical speech level meter Aussteuerungsmesser
element Element, Grundstoff
envelope velocity Gruppengeschwindigkeit
equalizer Entzerrer
equivalent build-up time äquivalente Anstiegszeit
equivalent rise time äquivalente Anstiegszeit
expander Dynamikdehner
expansion Expansion, Ausbreitung
far-end crosstalk Fernnebensprechen
feedback Rückkopplung
FM frequency modulation: Frequenzmodulation
frame Rahmen, Gehäuse, Masse
frequency changer Frequenzumformer, Frequenzumsetzer, Frequenzumwandler
frequency changing Frequenzumsetzung
frequency converter Frequenzwandler
frequency deviation Frequenzabweichung
frequency discriminator Frequenzdiskriminator
frequency divider Frequenzteiler
frequency multiplex Frequenzmultiplex
frequency drift Frequenzwanderung, Frequenzabwanderung
frequency modulation Frequenzmodulation

frequency multiplier Frequenzvervielfacher
frequency pulling Frequenzziehen
frequency swing Frequenzhub
frequency translation Frequenzumsetzung
frying Knistern
full-wave rectifier Zweiweggleichrichter, Vollweggleichrichter
fundamental frequency Grundfrequenz
gain Verstärkungsgrad, Gewinn
ganging Gleichlauf, mechanische Kupplung
gate Tor
gate circuit Torschaltung
gating Torsteuerung
grid leak Gitterableitwiderstand
grid stopper Gitterschutzwiderstand
group delay Gruppenlaufzeit
group delay characteristic Gruppenentzerrung
group velocity Gruppengeschwindigkeit
guard band Sicherheitsband, Schutzband
half-wave rectifier Halbwellengleichrichter, Einweggleichrichter
hangover time Nachwirkzeit
harmonic distortion Klirrfaktor
ideal transducer idealer Wandler
image attenuation constant Dämpfungsmass
image-parameter filter Wellenparameterfilter
image phase-change coefficient Winkelmass
image transfer coefficient Vierpol-Übertragungsmass
impedance network aus Impedanzen gebildeter Kettenleiter
impulsive noise Impulsstörungen
independent sideband transmission Übertragung mit unabhängigen Seitenbändern
inductance-capacitance coupling Drosselkopplung
insertion attenuation Einfügedämpfung
insertion gain Einfügungsverstärkung
insertion loss Einfügungsverlust
instantaneous companding Kompandierung nach Augenblickswerten
instantaneous frequency Momentanfrequenz
integrated circuit integrierte Schaltung
integrator Integrator, Integrationsschaltung
interference Interferenz, Störung
intermodulation Zwischenmodulation
intermodulation distortion Intermodulationsverzerrung
intermodulation noise Klirrgeräusch
interstage Zwischenstufe
intervalve coupling Röhrenkopplung
inverse impedance inverser Scheinwiderstand
jack Buchse, Klinke
jitter Synchronisationsstörung
key Schlüssel, Taste

leased circuits service Vermietung von Leitungen
level measurements Pegelmessungen
level recorder Pegelschreiber
limiter Begrenzer
linear detection lineare Gleichrichtung
linear network lineares Netzwerk
line residual equalizer Restverzerrungskorrektor
link Glied, Bindeglied, Verbindungsstück
load Belastung, Last, Verbraucher
loss Verlust, Dämpfung
matching network Anpassungsnetzwerk
metal rectifier Metallgleichrichter
Miller effect Miller-Effekt
mixer Mischer, Mischstufe, Mischgatter
modulated wave modulierte Welle
modulating wave modulierende Welle
modulation Modulation, Aussteuerung, Modelung
modulation factor Modulationsgrad
modulation index Modulationsindex
modulator Modulator, Modler, Kanalumsetzer
mono-stable multivibrator Flip-Flop-Generator, monostabile Kippschaltung
multiple modulation Mehrfachmodulation
multivibrator Multivibrator
mutual-inductance coupling induktive Kopplung

natural frequency Eigenfrequenz
near-end crosstalk Nahnebensprechen
negative feedback Gegenkopplung
negative-feedback amplifier gegengekoppelter Verstärker
neper Neper
neutralization Neutralisation, Entkopplung
node Knotenpunkt
noise Rauschen
non-linearity Nichtlinearität
Norton's theorem Nortonsches Theorem
open-circuit admittance Leerlaufadmittanz
open-circuit impedance Leerlaufimpedanz
operate level Ansprechpegel
operate time Ansprechzeit
oscillary circuit gekoppelter Schwingkreis
overshoot Überreichweite, Überschwingungen
pad Dämpfungsglied
PAM pulse amplitude modulation: Impuls-Amplituden-Modulation
parasitic oscillations wilde Schwingungen
partial restoring time Teilnachwirkzeit
passive network passives Netzwerk
passive transducer passiver Wandler
PDM pulse-duration modulation: Pulsbreitenmodulation
peaking coil Versteilerungsspule

peg Stöpsel
permeability tuning Permeabilitätsabstimmung
PFM pulse frequency modulation: Impuls-Frequenz-Modulation
phantastron Phantastron
phase/amplitude distortion Phasen-/Amplituden-Verzerrung
phase bandwidth Bereich der Phasenlinearität
phase coefficient Winkelkonstante
phase delay Phasenlaufzeit
phase detector Phasendetektor
phase deviation Phasenhub
phase equalizer Phasenentzerrer
phase distortion Phasenverzerrung
phase modulation Phasenmodulation
pilot signal Steuerzeichen, Gruppenleitsignal
plug Stecker, Stöpsel
PM phase modulation: Phasenmodulation
positive feedback Mitkopplung, Rückkopplung
PPM pulse-position modulation: Pulsphasenmodulation, Pulslagenmodulation
pre-emphasis Akzentuierung
PRF pulse-recurrence frequency: Impulsfolgefrequenz, Tastfrequenz
private-wire service Betrieb auf Privatleitungen
propagation coefficient Fortpflanzungskonstante, Überlagerungskonstante
prototype filter Grundfilter
psophometer Psophometer

psophometric EMF Geräusch-EMK
psophometric power Geräuschleistung
PTM pulse time modulation: Impulszeitmodulation
pulse Impuls, Puls
pulse amplitude Impulsamplitude
pulse-amplitude modulation Impulsamplitudenmodulation
pulse carrier Impulsträger
pulse code Impulskode
pulse code modulation (PCM) Pulskodemodulation
pulse duration Impulsdauer, Impulsbreite
pulse duration modulation Pulsbreitenmodulation
pulse duty factor Tastverhältnis
pulse frequency modulator Impulsgerät
pulse interleaving Impulsverflechtung
pulse interval Impulsperiodendauer
pulse position modulation Impulslagenmodulation
pulse regenerating Impulsregenerierung, Impulsverbesserung
pulse repeater Impulswiederholer
pulse repetition frequency Impulsfolgefrequenz
pulse response Impulswiedergabe
pulse shaping Impulsformung
pulse spacing Impulsabstand, Impulsbandbreite
pulse time modulation Pulszeitmodulation [serie
pulse train Impulsreihe, Impuls-

push-pull stage Gegentaktstufe
Q-factor Gütefaktor
Q-meter Gütefaktormessgerät
quantization Quantisierung
quantization distortion Quantisierungsverzerrung
quiescent push-pull amplifier Gegentaktverstärker
rack Gestell, Rahmen
radio frequency Hochfrequenz
random noise weisses Rauschen
rated frequency Nennfrequenz
R-C coupling RC-Kopplung
reactance valve Reaktanzröhre, Hubröhre
reciprocity theorem Reziprozitätssatz
rectangular wave Rechteckwelle
rectification Gleichrichtung
rectifier Gleichrichter
reflection coefficient Reflektionsfaktor
reflection loss Stossdämpfung
reflex amplification Reflektionsverstärkung
regenerative repeater Telegraphieentzerrer
regularity return-loss Rückflussdämpfung
rejector circuit Sperrkreis
relative level relativer Pegel
relaxation oscillator Kippgerät, Kippschaltung, Kippschwingschaltung
relay type echo suppressor unstetig arbeitende Echosperre
resistance-capacitance coupling Widerstands-Kapazitäts-Kopplung

response Ansprechen
response frequency Antwortfrequenz, Kennungsfrequenz
return current Echostrom, Rückflussstrom
return current coefficient Reflektionsfaktor
return loss Echodämpfung, Rückflussdämpfung
return voltage Echospannung, Rückflussspannung
ringing Klingen
ripple Welligkeit
rise time Anstiegszeit
sampling Abfragemethode, Durchmusterung
saw-tooth generator Sägezahngenerator
scale-of-two counter Zweierringzähler
search coil Tastspule, Sondenspule, Suchspule
self-quenched detector Supergenerativempfänger
sensitivity Empfindlichkeit, Ansprechempfindlichkeit
shock excitation Stosserregung
short-circuit admittance Kurzschlussadmittanz
short-circuit impedance Kurzschlussimpedanz
sideband Seitenband
sideband interference Seitenbandinterferenz
side frequency Seitenfrequenz
signal Signal, Zeichen
signal generator Mess-Sender
signal-noise ratio Rauschabstand

signal-to-crosstalk ratio Grundwert der Nebensprechdämpfung
sine squared pulse Sinus-Quadrat-Impuls
singing Pfeifen
singing point Pfeifpunkt
singing suppressor Rückkopplungssperre
single sideband transmission Einseitenbandübertragung
slicer Doppelbegrenzer
socket Fassung, Buchse, Steckdose
spark-quenching Funkenlöschung
square-law detector quadratischer Detektor
square wave Rechteckwelle
squegger Pendeloszillator
SSB single side band: Einseitenband
stability Stabilität
stagger-tuned circuits gegeneinander verstimmte Resonanzkreise
step function Sprungfunktion, Übergangsfunktion
step-function response Sprungcharakteristik
step response Übergangsfunktion
strobe Abtastimpuls
sub-audio frequency Infraschallfrequenz, Unterhörfrequenz
sub-carrier Hilfsträger
sub-telephone frequency Infratelephonfrequenz
super-audio frequency Frequenz über dem Hörbereich
superposition theorem Superpositionssatz

synchronized multivibrator fremdgesteuerter Multivibrator
telecommunication(s) Fernmeldetechnik
telegraphy Telegraphie
telephone frequency Frequenz im Fernsprechbereich
telephony Telephonie
terminal return-loss Rückflussdämpfung
terminating set Gabelschaltung
test level Messpegel
theoretical cut-off frequency theoretische Grenzfrequenz
thermal agitation thermische Bewegung
thermal noise Wärmegeräusch, Widerstandsrauschen
time base Ablenkung, Abtastperiode
time-base generator Normalimpulsgenerator
time-division multiplex Zeitmultiplex
TMS transmission measuring set: Pegelmesser
tracking Gleichlauf, Folgen, Nachfolgen
transducer Wandler
transducer gain Übertragungsgewinn
transducer loss Transformator-Verlustleistung
transformer loss Übertragerkopplung
transitron circuit Transitronschaltung
transitron oscillator Transitronoszillator

transmission line Übertragungsleitung
transmission measuring set Pegelmessgerät
trigger circuit Triggerschaltung
trimming Trimmen, Nachstimmen
tuned circuit Schwingkreis, Abstimmkreis
tuning Stimmen, Abstimmen, Abstimmung
unidirectional pulse Gleichstromimpuls
unit pulse Einheitsimpuls
unit step Einheitssprung
valve type echo suppressor stetig arbeitende Echosperre

valve reactor Reaktanzröhre, Hubröhre
valve rectifier Röhrengleichrichter
vestigial sideband transmission Restseitenbandübertragung
voice frequency Sprechfrequenz
voltage doubler Spannungsverdoppler
voltage stabilizing circuit Spannungsgleichhalteschaltung
waveform Wellenform
weighing network Bewertungsnetzwerk
white noise weisses Rauschen
wideband breites Band, Breitband...

We now clamp down on polluters.
(to clamp down on: scharf vorgehen gegen; polluter: Umweltverschmutzer)

Semiconductor terminology

British Standard 4727, Part 1, Group 05
Definitions are only available in English

acceptor Akzeptor
alloying Legieren
avalanche breakthrough Lawinendurchbruch
base region Basisregion, Basiszone
bi-directional thyristor Bidirektionalthyristor
breakdown Zusammenbruch
carrier storage time Speicherzeit
charge carrier Ladungsträger
collector junction Basis-Kollektor-Strecke
collector region Kollektorregion, Kollektorzone
common base circuit Basisschaltung
common collector circuit Kollektorschaltung
common emitter circuit Emitterschaltung
commutation Kommutation
compensated semiconductor kompensierter Halbleiter
conduction band Leitungsband
conduction electron Valenzelektron
conductivity modulation transistor Transistor mit veränderlicher Leitfähigkeit
crystal growth Kristallwachstum
crystal growing Kristallziehen
depletion layer Sperrschicht
diffusion constant Diffusionskonstante

diffusion length Diffusionslänge
diode Diode
donor Donor, Donator
doping Dopen, Dotieren
drain Senke, Abfluss
drift mobility Driftbeweglichkeit
electrode Elektrode
emitter junction Emitter-Basis-Strecke
emitter region Emitterregion, Emitterzone
energy gap Bandabstand
epitaxy Epitaxie
extrinsic conduction Störleitung, Störstellenleitung
Fermi-Dirac function Fermi-Dirac-Verteilung
Fermi level Ferminiveau
field-effect transistor Feldeffekttransistor
forward direction Durchlassrichtung, Flussrichtung
forward region Durchlassbereich
forward resistance Durchlasswiderstand, Flusswiderstand
gate current Steuerstrom
gate resistance Einflusswiderstand
Hall effect Halleffekt
Hall mobility Hallbeweglichkeit
holding current Haltestrom
hole Loch

hole conduction Löcherleitung, Elektronenmangelleitung
imperfection Störstelle
impurity Störstoff, Verunreinigung
input capacitance Eingangskapazität
intrinsic semiconductor material Eigenhalbleitermaterial
inverse common base circuit Rückwärtsbasisschaltung
inverse common emitter circuit Rückwärtsemitterschaltung
ionic conduction Ionenleitung
junction Übergang, Übergangszone
junction transistor Flächentransistor
majority carrier Majoritätsträger
mesa technique Mesatechnik
minority carrier Minoritätsträger
negative differential conductance region Bereich des negativen differentiellen Leitwertes
noise factor Rauschfaktor
noise figure Rauschzahl
n-type conductivity n-Leitfähigkeit
n-type semiconductor material n-leitendes Halbleitermaterial
photo-conductive effect lichtelektrischer Effekt
photo-electric effect photoelektrischer Effekt
photo transistor Phototransistor
photo-voltaic effect Sperrschichtphotoeffekt
planar technique Planar-Epitaxial-Technik
potential barrier Potentialbarriere, Potentialschwelle

principal voltage Hauptspannung
p-type conductivity p-Leitfähigkeit
p-type semiconductor material p-Halbleitermaterial
rectifier diode Gleichrichterdiode
reverse direction Sperrichtung
reverse recovery Sperrträgheit
semiconductor Halbleiter
semiconductor material Halbleitermaterial
source region Ursprungsregion
space charge region Raumladungszone
stoichiometric impurity stöchiometrische Verunreinigung
substrate Substrat, Trägermaterial
surface barrier transistor Randschichttransistor
surface recombination Oberflächenrekombination
terminal Anschluss
tetrode transistor Tetrodentransistor
thermal breakdown thermischer Durchbruch
thermal resistance Wärmewiderstand
threshold voltage Schleusenspannung, Schwellenspannung
transition region Übergangsgebiet
trap Fangstelle, Trap
tunnel diode Tunneldiode
tunnel effect Tunneleffekt
turn-off time Abschaltzeit
unipolar transistor unipolarer Transistor
valence band vollbesetzter Energiebereich
valley point Talpunkt

voltage regulator diode
 Stabilisatordiode
zener breakdown Zener-Durchbruch

Definitions are available in English:
British Standards Institution
2 Park Street
London W1A 2BS

Don't fret. Just order your own copy of
'Elektroniker' from Aarau.

A collection of printed circuit terms

base material Basismaterial
basic grid Grundraster
board thickness Plattendicke
bow Plattenkrümmung, Durchbiegung
conductive foil Kaschierung
conductor Leiter
conductive pattern Leiterbild
connection Anschluss(draht)
cross-hatching Aussparen von Inseln, Schraffur grosser leitender Flächen
current-carrying capacity maximale Stromdichte
definition Abbildungsgenauigkeit
embossing Einprägen des Leiterbildes
etching Ätzung
flush conductor Flachleiterplatte
land (blivet, boss, donut, pad, spot, terminal area, terminal point) Auge
legend (marking) mitgedruckte Schriftzeichen
mass soldering Tauchlötung
master drawing (artwork, photomaster) Maske
metal-clad base material kaschierte Platte
mounting holes Bohrungen für Befestigung [steg
non-conductive pattern Zwischen-
overhang Leitervergrösserung
pattern Leiterbild

peel strength Ablösekraft
plated-through hole durchplattierte Bohrung
plating mit Metall überziehen
plating-up Aufgalvanisieren
printed board unbestückte Printplatte (Leiterplatte)
printed board assembly bestückte Printplatte (Leiterplatte)
printed circuit (prefabricated circuit, processed circuit) gedruckte Schaltung, Print
printed component gedrucktes Schaltelement
printed contact gedruckter Printkontakt
printed edge board contacts gedruckte Printkontakte
printed wiring gedruckte Verdrahtung
printing Drucken
pull-off strength Ausreisskraft
reference grid Grundraster
reference hole (or: notch) (indexing hole, registration hole) Fangloch
reference system Positionierungssystem
registration Abbildungsgenauigkeit
resist Schutzlack
terminal hole Endloch [loch
through connection Verbindungs-

Controlgear and switchgear terminology

a-contact Schliesser (eines Hilfsschalters)
across-the-line starter Motorschalter zum Direkteinschalten, Anlassschalter
air-blast circuit-breaker Druckluftschalter, Druckgasschalter
air-break circuit-breaker Luftschalter
air-break disconnector Lufttrenner
air-break switch Luftschalter
air circuit-breaker Luft(leistungs)- schalter
air-insulated luftisoliert
ambient air temperature Umgebungstemperatur
anti-pumping device Einrichtung zur Pumpverhinderung
applied voltage angelegte Spannung
arc chute Funkenkammer, Löschkammer
arc control device Lichtbogenlöschvorrichtung, Löschkammer
arc duration (of a switching device) Lichtbogendauer
arc extinguishing medium Löschmittel
arcing contact Abreisskontakt
arcing time (of a fuse) Löschdauer, Löschzeit
arcing time (of a multiple switching device) Lichtbogenzeit, Löschzeit

arcing time (of a pole) Lichtbogenzeit, Löschzeit
arc voltage Lichtbogenspannung, Schweisslichtbogen(spannung)
automatic control selbsttätige Regelung, Selbststeuerung, automatische Steuerung
auto-reclosing Wiedereinschaltung (selbsttätig)
auto-reclosing circuit-breaker Ausschalter mit Wiedereinschaltvorrichtung, Schnellwiedereinschalter
auto-transformer starter Anlasstransformator (in Sparschaltung)
automatic starter Selbstanlasser
automatically operated selbsttätig (geschaltet oder gesteuert)
auxiliary circuit Hilfsstromkreis
auxiliary contact Hilfskontakt
auxiliary controller Hilfsschalter
auxiliary switch Hilfsschalter
back-up fuse vorgeschaltete Sicherung
b-contact Öffner (eines Hilfsschalters)
base (of a device) Sockel, Unterteil, Gestell, Grundplatte
bayonet holder Bajonettfassung, Renkfassung
blow-out coil Blasspule
board (Schalt-)Tafel, Feld
branch joint Abzweigklemme, T-Klemme

break, length of Gesamtschaltstrecke
break contact Öffnungskontakt, Ruhekontakt, Unterbrecherkontakt
breaking capacity Ausschaltvermögen, Ausschaltleistung
breaking current Anfangswert des Ausschaltstromes, Abschaltstrom
break-time Ausschaltzeit
bridging plug Stöpsel
bulk-oil circuit-breaker Kesselölschalter
bus-bars Sammelschienen
bus-bar coupling Sammelschienen(quer)kupplung
bush Leitungseinführung
bushing Durchführung, Durchführungstülle
butt contact Druckkontakt, Kuppenkontakt
cable-entry Kabeleinführung
cable terminal Kabelkelmme, Kabelanschluss, Kabelendverschluss, Kabelschuh
cam-operated switch Nockenschalter
cartridge fuse Sicherung(spatrone), Patrone, Patronensicherung
cartridge fuse-link Schmelzeinsatz
cell Zelle, Schaltzelle
cellular switchgear Schaltgerät(e) in Zellenstruktur
change-over switch Umschalter
choke coil Schutzdrossel
circuit-breaker Leistungsschalter
clearance between (open) contacts Öffnungsweg, Schaltstrecke

clock relay Schaltuhr, Zeitsteuergerät
closing operation Schliessbetätigung, Schliessvorgang
closing time Einschaltzeit
compartment Sektor, Fach, Abschnitt
compound-filled massegefüllt, masseisoliert
compression gland Stopfbüchse
conducting part leitender Teil
conductor joint Leitungsverbinder
conduit Schutzrohr
conduit-coupling Muffe, Rohrmuffe, Rohrverbindungsstück
conduit elbow Bogen, Winkelstück (für Rohrverbindungen)
conduit-tee T-Stück (Rohrverbindung)
connector Steckanschluss, Gerätestecker
constant-voltage regulator Stabilisator, Spannungsgleichhalter, Spannungsregler
contact Kontakt
contact member Schaltstück
contact travel Schaltweg
contactor Schütz, Schaltschütz
contactor starter (or controller) Anlassschütz
contact-type rheostat Kontaktwiderstand, Regelwiderstand
controlboard Steuertafel
control circuit Steuerkreis, Regelkreis
control contact Steuerkontakt
controlgear Steuergerät(e)

controller Programmschalter, Fahrschalter (für Fahrzeuge und Krane), Steuergerät, Kontroller

control station Leitstand, Steuerstand

control switch Steuerschalter

(conventional) fusing current Ansprechstrom (einer Sicherung) Abschmelzstrom

co-ordinating spark gap abgestimmte Schutzfunkenstrecke

cord Leitungsschnur, Anschlussleitung

critical current kritischer Strom (Supraleitung)

cubicle (Schalt-)Feld

cubicle switchboard Schaltschrank, Schaltzelle

current-limiting fuse (link) strombegrenzende Sicherung, Strombegrenzungssicherung

current-limiting reactor Strombegrenzungsdrossel, Kurzschlussdrossel

cut-off current Ausschaltspitzenstrom (einer Sicherung)

current setting Stromeinstellung

current setting range Stromeinstellbereich

cut-off characteristic Grenzkennlinie

dead-tank oil circuit-breaker Kesselölschalter, Ölkesselschalter

dead time Totzeit, Sperrzeit, Abklingzeit

definite time-delay vorgegebene Zeitverzögerung

definite time-lag (circuit-breaker) unabhängig verzögert

definite time over-current release begrenzte verzögerte Auslösung

direct-on-line starter direkt Anlassschalter, Motorschutzschalter (für direkte Netzschaltung)

direct on-line starter Anlassschalter (für Direkteinschaltung)

direct switching starter Anlassschalter (für Direkteinschaltung)

discharge capacity Ableitvermögen

discharge coil Erdungsdrossel

discharge current Ableiterstrom, Entladestrom

discharge voltage Ableiterspannung, Entladespannung

discharge resistor Entladewiderstand, Erdungswiderstand

disconnected position Abschaltstellung, ausgeschaltet, getrennt

disconnecting link Trennlasche, Auslöseglied, Trennschalter

disconnector Trenner, Unterbrecher

discrimination Unterscheidung, Abstufung (bei Selektivschutzsystemen)

distribution board Verteilertafel

distribution box Abzweigdose

distributor box Abzweigdose, Verteilerkasten

distribution fuseboard Verteilersicherungstafel

distribution pillar Schaltsäule, Verteilerschrank

draw-out switchboard Schalttafel mit ausziehbaren oder steckbaren Geräten

drop-out time Abfallzeit (Relais)
drum controller Walzenschalter
dual switchboard Dual-Schalttafel (Doppel-Schalttafel)
duplex switchboard Duplex-Schalttafel (Doppel-Schalttafel)
earth Erde, Erdung, Masse, Erdschluss
earth terminal Erdungsklemme, Erdungsanschluss
earthing Erdung, Masseanschluss
earthing contact Erdungskontakt
earthing switch Erdungsschalter
Edison lampholder Schraubfassung
electro-magnetic starter elektromagnetischer Anlasser
enclosed fuse geschlossene (oder: gekapselte) Sicherung
enclosed switchgear gekapselte Schaltgeräte (oder: Schaltanlagen)
enclosure Gehäuse, Kapsel, Hülle, Kapselung, Umhüllung
expulsion fuse Löschrohrsicherung
expulsion-type arrester Löschrohrableiter
extension cord Verlängerungsschnur
faceplate starter Flachbahnanlasser
faceplate controller Flachbahnkontroller, Flachbahnsteuerschalter
faceplate-type rheostat Flachbahnwiderstand
fault-throwing switch Fehlerschalter (Auslösung durch künstlichen Fehler)
feeder panel Leitungsfeld (bei Schaltanlagen)
field-discharge switch Überbrückungsschalter

field rheostat Feldregler
film resistor (filmistor) Schichtwiderstand
fixed contact festes Schaltstück
fixed trip Festeinstellung
flameproof apparatus explosionsgeschütztes Gerät (Apparatur)
flexible cord Anschlussschnur
float switch Schwimmerschalter
follow current Folgestrom
fuse Sicherung, Schmelzsicherung
fuse base Fassung, Sockel, Unterteil
fuse carrier Sicherungsgriff (bei Rohrpatronen)
fuse disconnector Sicherungtrenner
fuse element Schmelzleiter
fuse holder Sicherungshalter, Sicherungsfassung
fuse isolator Sicherungstrenner
fuse link Schmelzeinsatz, Sicherungselement
fuse tongs Sicherungszange
fuse switch Sicherungsschalter
fuse with enclosed fuse element geschlossene Sicherung
gas-blast circuit-breaker Gasstromschalter, Druckgasschalter
gas-filled gasgefüllt, Druckgas...
ground clearance Bodenabstand, Bodenfreiheit
ground terminal Erdungsklemme, Erdungsanschluss
grounding contact Erdungskontakt
grounding switch Erdungsschalter
hand operation Handbetätigung, Handsteuerung
hard-gas circuit-breaker Hartgasschalter

high-speed circuit-breaker Schnellschalter
hook stick Schaltstange
inching kurzes (wiederholtes) Einschalten, Tastbetrieb, Tippbetrieb
incoming panel Speisetafel, Einspeisefeld
independent manual operation unabhängige Handbetätigung
indicating device Anzeigevorrichtung, Anzeigegerät
indicating fuse Sicherung mit Unterbrechungsmelder
indicator Anzeiger, Indikator, Schauzeichen, Sichtgerät
indirect over-current release indirekte Überstromauslösung
indoor apparatus Innenraumgerät
indoor switchgear Innenraumschaltanlage(n), -gerät(e)
inductor Induktor, Drosselspule, Induktionsspule
inlet plug Gerätestecker
instantaneous release Sofortauslösung, Schnellauslösung
instantaneously operating unverzögert arbeitend
insulated tongs Isolierzange
insulating mat Isoliermatte, Isolierteppich
insulating stool Isolierschemel
interlocking device Verriegelungseinrichtung
interrupting capacity Ausschaltvermögen, Ausschaltleistung

interrupting time Ausschaltdauer
inverse time-lag abhängig verzögert, abhängige (inverse) Zeitverzögerung
inverse time-lag relay reziprok abhängiges Zeitrelais
inverse time-lag tripping abhängig verzögerte Auslösung
isolating link Trennschalter
isolator Trenner, Trennschalter
jogging Tastbetrieb, Tippbetrieb
junction box Abzweigdose, Verteilerdose, Abzweigkasten
knife switch Messerschalter
lamp-holder Lampenfassung
lamp-socket Lampensockel, Lampenfassung
latch Schaltschloss, Sperre, Klinke, Verriegelung
length of break Gesamtschaltstrecke, Schaltstrecke
lightning arrester Überspannungsableiter, Blitzableiter, Ableiter
lightning conductor Blitzableiter
limit switch End(aus)schalter, Grenz(wert)schalter
limiting no-damage current grösster Haltestrom (einer Sicherung), kleiner Prüfstrom
line choking coil Schutzdrossel, Leitungsschutzdrossel
liquid-filled fuse flüssigkeitsgefüllte Sicherung
liquid level switch Schwimmerschalter
liquid resistor Flüssigkeitswiderstand
liquid starter Flüssigkeitsanlasser

live-tank oil circuit-breaker ölarmer (Leistungs-) Schalter
load rheostat (einstellbarer) Belastungswiderstand, Lastregler
load resistor Belastungswiderstand, Lastwiderstand (Bauteil)
local control örtliche Steuerung, Direktsteuerung
locating device Rastenwerk, Verrastung
lock-out Sperre, Leitungsblockierung
loop Schleife, Regelkreis, Kreislauf, Zyklus
lug Lötfahne, Kabelschuh, Öse
magnetic blow-out magnetische Beblasung
magnetic blow-out circuit-breaker Schalter mit magnetischer Beblasung
magnetic full-voltage starter Schütz mit Relais
main circuit Hauptstromkreis, Hauptstrombahn
main contact Hauptkontakt
make-time Einschaltverzögerung, Schaltverzug, Einschaltzeit
making capacity Einschaltvermögen, Einschaltleistung
making current Einschaltstrom, Anzugsstrom
manual control Handsteuerung, Handregelung
master controller Meisterschalter, Hauptsteuerschalter
maximum prospective peak current höchstmöglicher (errechneter) Spitzenstrom
mechanical switching device mechanisches Schaltgerät

melting time Schmelzzeit, Abschmelzzeit, Ansprechdauer (einer Sicherung)
metal-clad switchgear gekapselte Schaltanlage, gekapseltes Schaltgerät
metal-enclosed metallisch gekapselt (oder: geschottet)
metallic resistor Metallwiderstand
mimic diagram board Blindschaltbild, -tafel
miniature circuit-breaker Miniaturleistungsschalter
minimum fusing current Mindestschmelzstrom, Dauerschmelzstrom, Grenzstrom (einer Sicherung), grosser Prüfstrom (einer Sicherung)
minimum oil content circuit-breaker Minimumölschalter, ölarmer Leistungsschalter
moulded case circuit-breaker gekapselter Leistungsschalter
movable element bewegliches Element
non-interchangeable fuse unvertauschbare Sicherung
normally closed auxiliary contacts Hilfsöffnungskontakte
normally open auxiliary contacts Hilfsschliesskontakte
off-load unbelastet
oil circuit-breaker Ölschalter
oil-immersed unter Öl, ölgefüllt
opening operation Öffnungsvorgang, Öffnungsbetätigung, Ausschaltbewegung
open-type switchgear offene (gegen zufällige Berührung) Schaltanlage(n), -gerät(e)

operating current Arbeitsstrom, Betriebsstrom, Ansprechstrom (Relais)
operating cycle Arbeitstakt, Arbeitszyklus
operating sequence Arbeitsfolge, Arbeitsablauf
operation Betrieb, Bedienung, Betätigung, Arbeitsweise
outdoor switchgear Freiluftschaltanlage, -geräte
over-current release Überstromauslösung
over-travel switch Nachlaufschalter
overvoltage to earth Überspannung zur Erde
panel (Schalt-)Tafel, (Schalt-)Feld
partition Trennwand, Teilung, Trennung
peak current Spitzenstrom
pedal switch Fussschalter
pillar Schaltsäule, Unterverteiler, Ständer
pilot switch Meldeschalter, Pilotschalter, Steuerschalter
pole Pol, Mast, Stange
pole-change control Regelung durch Polumschaltung
position indicating device Lageanzeiger, Lagemelder
position of rest Ruhestellung
position switch Positionsschalter
powder-filled cartridge fuse pulvergefüllte Sicherung
power operation Betätigung mit Kraftantrieb, Kraftantrieb
pre-arcing time Anprechdauer einer Sicherung
pressure switch Druckschalter

primary resistor starter ohmscher Ständeranlasser
process time switch Prozessprogrammschalter
prospective current (errechneter oder: zu erwartender) Netzkurzschlussstrom
proximity switch Näherungsschalter
push-button (switch) Druckknopf(schalter)
rated Nenn..., Nominal..., dem Nennwert (Sollwert) entsprechend
recovery voltage wiederkehrende Spannung
reduced voltage starter Ständeranlasser
re-ignition Nachzündung, Wiederzündung, Rückzündung
relay board Relaistafel
release Auslösung, Freigabe
remote control Fernsteuerung
removable part bewegliches Teil
restriking voltage Wiederzündspannung
reversing switch Umkehrschalter, Wendeschalter, Polwendeschalter
rheostat Regelwiderstand, Rheostat
rolling butt contact Wälzkontakt
rotary switch Drehschalter, Drehwähler
safety clearance Sicherheitsabstand
selector Wahlschalter, Wähler
semiconducting switching device Halbleiter-Schaltgerät, -Schaltelement
semi-enclosed fuse halbgeschlossene Sicherung
shunt release Nebenschlussauslösung
shutter Klappe, Deckel, Verschluss

single-phase einphasig, Einphasen…
slider Schieber, Schleifer, Gleitstück
sliding contact Gleitkontakt, Schleifkontakt
small oil volume circuit-breaker ölarmer Schalter
star-delta starter Stern-Dreieck-Anlasser
stored energy Speicherenergie, gespeicherte Energie
sulphur hexafluoride circuit-breaker SF_6-Schalter
switchgear Schaltanlage(n), Schaltgerät(e)

switch Schalter
test performance Leistungsprüfung, Abnahmeprüfung
thermally operated device thermisch betriebenes Gerät
transient recovery voltage Restspannung (eines Ableiters)
trip Auslösung
undervoltage release Unterspannungsauslösung
withdrawable switchgear ausziehbare(s) Schaltgerät(e)

"Now we have solved our fly-ash disposal problem."
(Power, New York)

A microcomputer glossary

interface (Schnittstelle): as a noun, a physical circuit or subsystem which allows two different types of circuits or systems to be connected together. As a verb, to perform the above-mentioned function.

index register (Indexregister): a register whose function is to store a number which is used as a pointer to reference a parameter.

instruction (Befehl): the machine language words in a computer program that tell the computer what to do.

I/O device (Ein/Aus-Gerät): (input/output device) an input device or an output device. Examples of input devices are keyboards, sensors, and switches. Examples of output devices are displays, audio indicators, and X-Y-plotters.

interrupt (Unterbrechung): a request to the computer to service an external device. The external device can get the attention and the service of the computer by sending an interrupt signal to the computer. The computer will first finish the execution of the current instruction and it will service the external device.

keyboard (Tastatur): portion of a terminal that is used to input information to the computer. A terminal has two separate logical entities; one is the keyboard which is used to input information to the computer. The other is the printer or display.

LED: (light emitting diode) an electronic device which sends out light when it is turned on.

micro-code: the logic-level definition of the instruction set a bit-slice microcomputer or similar type of machine. Some microprocessors have a micro-coded architecture.

microcomputer: a computer whose CPU is a microprocessor.

microprocessor: a micro-electronic chip which contains an ALU, registers, input/output ports, and control and timing circuits. It is capable of performing arithmetic and logical operations.

mnemonic (Gerätekurzbezeichnung, mnemotechnischer Gerätename): the short-hand symbolic names or abbreviations which have pre-defined meaning, and which represent instructions in assembly language.

multiplexer (Datenübertragungs-Steuereinheit): a circuit which performs path selection function so that a computer can «talk» to several external devices one at a time.

object codes (Objektcode): the binary codes which are obtained as a result of the translation done by an assembler.

octal number (Oktalzahl): a number with a value ranging from 0 to 7.

operand (Rechengrösse): the number which follows an instruction. Example: *LDA 5*. *LDA* is a mnemonic which represents an instruction that tells the computer to load the operand into the accumulator. The operand in this case is 5. When this instruction is executed, the number 5 is loaded into the accumulator.

page (Seite, Bogen): a number of consecutive memory locations, nominally 256. If the memory of a computer has 4096 locations, the computer has $4096 : 256 = 16$ pages of memory.

parity bit (Prüfbit): a bit which is used to detect a transmission error.

pointer (Hinweisadresse, Zeiger): an address which corresponds to the beginning address of a program or table.

PROM: (**p**rogrammable **r**ead-**o**nly **m**emory) a random-access type of memory which can be programmed once only with a PROM programming machine.

RAM: (**r**andom **a**ccess **m**emory) memory devices which can store and retrieve information in any location in an amount of time which is independent of the memory location selected.

ROM: (**r**ead **o**nly **m**emory) memory devices which allow only retrieval of information. The information in the ROM is stored during manufacture before the ROM is put in operation. The computer can only read information out of the memory device, therefore, altering the information by the program is not possible.

register: an electronic device for storing information. In addition, a register may perform other functions such as shifting of bits, selectively clearing some bits, and selectively setting some bits.

resident assembler (Residentassemblierer): an assembler that runs

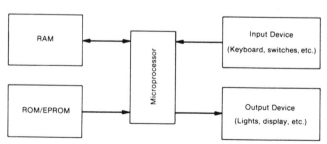

A basic microcomputer system

in a system that executes the object codes which are generated by that assembler.

sequential memory (sequentieller Speicher): memory in which information storage and retrieval is done in a sequential manner. For example, to read the contents of lcoation 50, the computer must search through locations 00 through 49. It cannot jump from location 00 to location 50.

software (immaterielle Ware, Programmausrüstung): computer programs which are written using instructions, operands, and labels in a logical fashion to accomplish the required task.

source code (Quellcode): the program as it appears in high-level language or in assembly language (as opposed to machine language).

stack (Stapel, Belege): storage and retrieval of information in a first-in-last-out fashion, i. e., the word that is stored first will be the word which is read out last. The term also refers to a collection of sequential memory cells which store and retrieve information in a first-in-last-out fashion.

stack pointer (Stapelzeiger): a register whose contents correspond to the address of the top of the stack.

table-driven (tabellengesteuert): a technique of branching to different subroutines. The starting address of a subroutine is contained in a table and in order to branch to a subroutine, the computer must first go to the appropriate location in the table.

terminal (Datenstation): an input/output device through which a person can «talk» to a computer.

tri-state (mit drei Stellungen): a type of logic circuit whose output can assume three states: a logical zero, a logical one, or a high impedance stated. In the high impedance state, the operation of other tri-state devices connected to the same point is uneffected.

word (Wort): a group of bits (the most common are 8, 16, 32, or 64, depending on the computer) which comprises a single unit of information.

access time (Zugriffszeit): the time between a request for information from a storage medium and the time the information is available.

accumulator (Akkumulator): register(s) which contain results of the arithmetic/logic unit operations.

address (Adresse): a computer word used for designating a specific location in memory.

A/D converter (A/D-Umsetzer): (analog-to-digital converter) an electronic device for changing a DC voltage to a binary-coded-value. Computers cannot process a conntinous voltage waveform but can process binary value.

addressing mode (Adressiermodus): techniques for specifying memory locations for the purpose of storing and/or retrieving information.

ALU: (arithmetic/logic unit) the hard-ware portion of a computer which performs arithmetic functions, such as addition and substraction and logic functions such as shift, AND and OR.

architecture (Aufbau): the logical organization of the hardware portion of the CPU.

assembler (Assemblierer): a program which translates application programs written in English-like symbolic language (assembly language) into machine language (binary).

assembly listing (Übersetzungsprotokoll): a listing which shows the assembly-language program and the translated machine-language program.

ASCII: (American standard code for information interchange) a 7-bit code for representing the English alphabet, numbers, and special symbols, such as $, £, and §.

baud: a data transmission-rate unit. For most applications, a baud is equal to one bit per second.

BCD: (binary coded decimal) a coding scheme for representing the ten decimal numbers.

binary number: a number whose digits are either zero or one. Computers can «read» and «write» only binary numbers.

bit: a binary digit.

bit-slice microprocessor (Bitteil-Mikroprozessor): an n-bit wide processing element usually connected in parallel to implement a microcomputer of n-bit word length. The instruction set is customer defined (by a micro-code).

buffer (Zwischenspeicher): a register for holding temporary data.

bus (Übertragungsweg, Bus): a set of conductors which carries all necessary computer signals, such as data, address, and control signals.

byte: (Zelle): a computer word of 8 bits.

cell (Zelle): a memory bit.

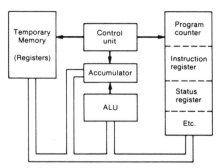

Block diagram of a basic microprocessor

CMOS: (complementary metal oxide silicon) a very long power logic technology.

CPU (central processing unit) (Zentraleinheit): the arithmetic/logic unit (ALU), registers, and control circuits of a computer. The CPU decodes instructions, issues timing signals, and performs all control functions.

cross assembler (Querassemblierer): an assembler for use in a computer with an instruction set other than the one which the application program is written for.

cycle time (Zykluszeit): the shortest period of time at the end of which a sequence of events repeats itself. Some of the events may be retrieving a word from a memory cell, interpreting the meaning of the word, and executing the instruction.

D/A-converter (D/A-Umsetzer): (digital-to-analog converter) a device which changes a binary signal into a dc voltage level.

decode (entschlüsseln, decodieren): to translate or interpret a computer word into something familiar or useful for performing tasks.

display (Anzeige): a device which shows a letter or a number or simply emits light; as a miniature light bulb.

DMA (direct memory access) (Direktspeicher Zugriff): a technique for receiving information from or transferring information to the main memory of a computing system without having the CPU involved.

drivers (Treiber): circuits which increase the driving capability of an output circuit.

encoder (Geber, Codierer): a device for translating a one-bit signal into a multibit signal.

editor (Arbeitsvorbereiter, Editor): a computer program which aids a programmer in his source program creation. An editor helps to perform the following functions: typing in program, making corrections, assigning line numbers to all lines, resequencing of line numbers, locating selected characters, and listing of partial or entire program.

EPROM: (erasable programmable read only memory) a type of nonvolatile random-access memory chip which can be programmed in the field.

execute cycle (Ausführungszyklus): the amount of time for an instruction, that has been fetched, to be executed.

fetch cycle (Abrufzyklus): the amount of time for an instruction or data to be retrieved from a memory location.

flag (Kennzeichen, Kettung): a bit in a register which is used to keep tract of the state of an input/output device, the state of a register, or the state of the microprocessor. For example, a flag can be used to keep tract of the state of the interrupt feature by setting the flag to 0 for an uninterrupted state and to 1 to denote an interrupt state.

firmware (Fest[speicher]wert):

software that is stored in random-access read-only memory.

handshaking (Austausch von Synchronisationsimpulsen): a predefined procedure for sending information from a terminal (sender) to a computer (receiver) or vice versa that informs the sender that the receiver is ready to receive.

hardware (physikalische Ausrüstung [und Bauteile]): computer circuits and peripheral devices.

hexadecimal (hexadezimal [zur Basis 16]): a number with a digit value ranging from 0 to 15. The 16 hexadecimal numbers are: 0, 1, 2, 3, 4, 5, 6, 7, 8, 9, A, B, C, D, E, and F.

high-level language (Höhere Programmiersprache): a computer language such as FORTRAN or BASIC which resembles English. One high-level language instruction is translated by a compiler or interpreter program into several machine-language instructions.

IC: (integrated circuit) very small electronic circuits contained in a single package which perform sophisticated functions.